汉语国际教育与中华文化传播

白宏钟　著

河北大学出版社·保定

汉语国际教育与中华文化传播

HANYU GUOJI JIAOYU YU ZHONGHUA WENHUA CHUANBO

出 版 人：朱文富
责任编辑：刘　婷
装帧设计：杨艳霞
责任校对：姚萌萌
责任印制：闻　利

图书在版编目（CIP）数据

汉语国际教育与中华文化传播 / 白宏钟著. -- 保定：河北大学出版社，2020.10
ISBN 978-7-5666-1697-5

Ⅰ. ①汉… Ⅱ. ①白… Ⅲ. ①汉语－对外汉语教学－教学研究②中华文化－文化传播－研究 Ⅳ. ①H195.3 ②G125

中国版本图书馆 CIP 数据核字（2020）第 164313 号

出版发行：河北大学出版社
地址：河北省保定市七一东路 2666 号　邮编：071000
电话：0312-5073033　0312-5073029
邮箱：hbdxcbs818@163.com　网址：www.hbdxcbs.com
经　　销：全国新华书店
印　　刷：保定市北方胶印有限公司
幅面尺寸：170 mm × 240 mm
印　　张：11.25
字　　数：134 千字
版　　次：2020 年 10 月第 1 版
印　　次：2020 年 10 月第 1 次印刷
书　　号：ISBN 978-7-5666-1697-5
定　　价：35.00 元

如发现印装质量问题，影响阅读，请与本社联系。
电话：0312-5073023

前　言

本书收录了笔者过去十余年中所写的一些有关汉语国际教育学科与专业建设、文化教学及文化传播方面的论文、讲义和案例。出版这样一部小书，初衷是为笔者主讲的“中华文化与传播”课程提供一部教材，同时也希望通过本书的出版与同行进行交流，得到指点。

自南开大学汉语言文化学院开始招收全日制汉语国际教育硕士专业学位研究生以来，笔者一直承担培养方案中核心课程“中华文化与传播”的教学任务。2011年夏，受院里委派，笔者在北京参加了由国家汉办和全国汉语国际教育硕士专业学位教育指导委员会主办，北京师范大学人文宗教高等研究院承办的“中华文化与传播”课程研修班，有幸与来自全国各高校主讲这门课程的老师们一起聆听了二十位专家、学者的授课，并与同行们一起研讨课程大纲、授课模式。其间受汉办师资处领导委托，参加研修的老师们集思广益，主要由包括笔者在内的几位老师执笔，试编了《“中华文化与传播”课程大纲（草案）》，《大纲（草案）》分设十个专题，54课时。据笔者了解，由于课时、师资等各种原因，《大纲（草案）》后来并未在各校得到使用和推广，包括笔者所在的南开大学汉语言文化学院在内，各培养单位多依据自身对课程的理解和师资条件开展具体的课程教学。

对于“中华文化与传播”这一课程名称以及课程的内容设置，不同老师有不同的理解。笔者在教学中重点既未放在中华文化上，也未放在传播学上，而是重在让学生掌握中华文化传播的意义、思路、原则，提高其相关理论认知和实践能力。不将中华文化知识列为教学重点，一是因为课时有限，实在不能兼顾，二是这部分内容研究生有能力自学。至于传播学方面的内容，当年在研修班讨论大纲中需要列入多少传播学内容时，压倒性的意见是根据汉语国际教育和中华文化传播的实际需要涉及即可，不需过多、过专的讲解。2019 年初，院里专门派笔者赴西南政法大学参加了“全球传播与跨文明研究高级研修班”，其间请教了一些传播学专家后，笔者更加坚持这一看法。

本书的内容编为“汉语国际教育学科与专业建设篇”“中华文化传播篇”“案例篇”三部分，依据的是笔者多年来主讲“中华文化与传播”课程的思路。笔者一向认为，汉语国际教育的中华文化传播工作，必须放在汉语国际教育的背景下理解。只有对汉语国际教育的性质、特点和发展历程有清晰的认识，才能理解汉语国际教育为什么要进行中华文化传播及传播中的一些具体问题。而案例教学是“中华文化与传播”课程的重要教学方式，有助于加深学生对理论内容的理解。

包括对外汉语教学时代在内，汉语国际教育已经走过了四十年的发展历程，但有关其学科与专业定位、发展方向的讨论一直没有停息过，时至今日，汉语国际教育仍处在不断发展和变化之中。本书中收录的文字，反映了笔者多年来对汉语国际教育学及中华文化传播工作的认识历程，由于时代和学力的局限，其中一些认识和观点今天看起来已显得过时或颇有局限。将其原貌呈现，一是想保留历史实态，二者也可提醒读者汉语国际教育的相关认识和理念其实一直处于动态的发展过程中。

自 2019 年长沙国际中文教育大会以来，许多专家和同行开始改称汉语国际教育为国际中文教育。本书书名仍使用“汉语国际教育”的名称，一是因为笔者对上述名称变动的情况尚不甚了解，二是根据过去的经验，新名称的完全确定可能需要一段时间。

白宏钟

2020 年 6 月 8 日于津门

目　录

汉语国际教育学科与专业建设篇

时代演进背景下汉语作为外语教学的学科定位

汉语作为外语的教学，自 20 世纪 80 年代以来随着规模的不断扩大而在中国大陆日益受到重视，并在事实上拥有了学科的地位。这一学科先是被称为“对外汉语教学”，2007 年以后，“汉语国际教育”逐步取代“对外汉语教学”成为汉语作为外语教学的新的学科名称。

从对外汉语教学建立之日起，有关其学科建设的讨论就一直没有中断过，直至今日，有关这一学科的定位和归属的讨论不但没有停止，反而又随着一些新情况的出现而变得热烈起来。这种局面的出现，与这一学科建立、发展的特殊经历及其特殊性质是分不开的。

一、学科定位与发展的困惑

在学科建设历史超过四十年，作为学科的地位被政府、学术界等各方面承认超过三十年之后，汉语国际教育虽然已经作为本科专业进入了《普通高等学校本科专业目录》[①]，却至今仍未出现在对学科建设意义最为重要的国务院学位委员会、教育部《学位授予和人才培养学科目录（2018 年）》[②] 中。这意味着汉语国际教育的从业人员在学术项目申报、职称评定中缺乏直接对应的学科，需要挂靠在其他学科之下，这导致汉

① 1998 年目录内为“对外汉语”，2012 年更名为“汉语国际教育”。

② 中国大陆权威的学科目录有两种：教育部的《学位授予和人才培养学科目录》和国家标准《中华人民共和国学科分类与代码国家标准》。在学术界和高等教育领域，前者更为权威。

语国际教育在学科建设中处于极大的资源劣势，这无疑是阻碍学科发展的关键因素。

不仅如此，自从对外汉语教学改名为汉语国际教育后，关于这一学科到底应定位在哪个上位学科之下的讨论和争议陡然升级，出现了应归属于“语言学”“教育学”“传播学”“交叉学科”等不同意见，使得学科发展方向的不确定性增多。而官方文件中的一些专业定位，则增加了汉语国际教育界在自己的学科定位问题上的焦虑和不安：

在教育部发布的《普通高等学校本科专业目录》① 中，“汉语国际教育”（代码 050103）归属于“文学”（代码 05）门类下的“中国语言文学类”（代码 0501）。

在教育部发布的《学位授予和人才培养学科目录》② 中，汉语国际教育专业学位研究生的代码是 0453，明显是归类于“教育学”（代码 04）一级学科下位。

2018 年，教育部在教育博士专业学位研究生招生计划中增加了二十个指标，用于招收汉语国际教育方向博士专业学位研究生。北京大学、华东师范大学、陕西师范大学、东北师范大学、华中师范大学、南京师范大学、天津师范大学等七所高校承担了首批招生任务。③

从 1978 年恢复建设以来，经过长期努力，中国国内的对外汉语教学/汉语国际教育已经形成了本、硕、博完整建制的人才培养体系，承担人才培养的主要部门是对外汉语教学/汉语国际教育部门或各高校的文学

① 2012 年 9 月发布，见中国教育部网站：http://www.moe.gov.cn/srcsite/A08/moe_1034/s3882/201209/t20120918_143152.html.

② 2018 年 4 月更新，见中国教育部网站：http://www.moe.gov.cn/s78/A22/xwb_left/moe_833/201804/t20180419_333655.html.

③ 见中国教育部网站：http://www.moe.gov.cn/jyb_xxgk/xxgk_jyta/jyta_xwb/201812/t20181221_364339.html.

院以及高校和科研机构的语言研究部门，依托的主要是语言文学类学科。从各对外汉语教学/汉语国际教育部门的从业人员构成上来看，也是以语言学科出身者为多。语言专业出身为主，辅以文学、历史、外语等其他文科专业出身者，是目前各汉语国际教育部门师资构成的基本模式。但汉语国际教育现在的本、硕、博三级培养中，硕士培养阶段的汉语国际教育专业硕士和博士培养阶段的汉语国际教育专业博士均被归类至教育学学科下位，考虑到汉语国际教育事业的现状——这两种专业硕士、专业博士培养在汉语国际教育中的地位、作用以及国务院学位办和教育部在专业、学科划定方面的权威性，可以清楚地看到，汉语国际教育的学科定位问题又一次摆在了我们面前。汉语国际教育的专业建设和人才培养，也面临着未来向何处去的抉择。

目前，汉语国际教育在学科定位上所面临的问题，与其自身性质有极大的关系。“汉语国际教育”这一名称可以指代一个学科、一个专业、一种事业、一个行业，而四者又密切相关，分不清它们，将其混为一谈的情况时有发生。想厘清汉语国际教育学科定位问题的由来，分析解决办法，有必要先分析这一名称下的四种不同概念，梳理其各自的历史、现状和所面临的问题。

二、汉语国际教育的多重属性

（一）作为事业的对外汉语教学：1950—1977 年

1950 年，中国开始与东欧各国互换留学生，教育部为此于 1950 年 7 月在清华大学成立了东欧交换生中国语文专修班，这是中国大陆第一个从事汉语作为外语教学的专门机构，对外汉语教学事业从此起步。由于院系调整，这个机构 1952 年被调到北京大学，改名为北京大学外国留学生中国语文专修班，1961 年又与北京外国语学院非洲留学生办公室（成立于 1960 年）合并，改名为北京外国语学院外国留学生办公室。[①]

20 世纪 60 年代初，中国大陆共接收了 60 多个国家的留学生 3315 人。他们分布在国内多所高校，但其中大部分高校未成立专门的留学生管理和教学机构。这些留学生首先学习一至两年的汉语，然后分配到有关院校学习专业知识，所以这一时期的汉语教学是一种预备教育。除此以外，这一时期中国大陆还有对外国驻华外交人员的汉语教学，并向越南、匈牙利、苏联、保加利亚等国派出过汉语教师，如邢公畹先生曾于 1953—1956 年赴苏联任教，朱德熙先生于 1952 年被派赴保加利亚索非亚大学任教。从 1961 年开始，高教部从一部分大学中文系挑选优秀应届毕业生，作为储备出国汉语师资，派到北京外国语学院和北京大学，分别进修英、法、西班牙和阿拉伯语，进修期限为三年，至"文革"前先后共培养了四届。这是中国大陆专门培养对外汉语师资的最初模式。

1962 年，经国务院批准，北京外国语学院外国留学生办公室和出国留学生部独立，成为外国留学生高等预备学校，在"文革"开始前，该校招收了一届以培养对外汉语师资为方向的本科生，教学内容是中文专业课程和外语专业课程的组合，这反映了当时国内对汉语作为外语教学及其师资培养的基本认识。1965 年，经国务院批准，外国留学生高等预备学校改名为北京语言学院。这是至今为止中国大陆唯一一所以汉语作为外语的教学与研究为主要任务的高校。1965 年越南政府向中国派出了 2000 名留学生，承担他们的汉语预备教育任务的，除了北京语言学院外，还有北京大学、南开大学、复旦大学、南京大学等二十多所院校。

---

① 参见吕必松：《对外汉语教学发展概要》，北京语言学院出版社，1990 年，第 1－24 页；李培元：《中国对外汉语教学的四十年》，《世界汉语教学》1989 年第 3 期。

这些院校中的大部分成立专门的留学生管理和教学机构，都始于此时。

“文革”的前几年，国内留学生汉语教学基本陷于停滞，从1972年开始又逐步恢复。1972年到1977年共接收留学生2266人。1977年在校留学生总数为1217人，尚未恢复到“文革”前的规模。①

从1950年开始到1977年这段时间，对外汉语教学事业经历了初创和早期的发展，在经历了“文革”初期的停滞后，又逐步恢复。但这一时期的对外汉语教学还不能算是学科，由于规模太小，称为专业或行业也过于勉强。

（二）多重属性的对外汉语教学——汉语国际教育：1978年至今

1977年以后，汉语作为外语的教学在中国稳步发展。首先是来华语言留学生数量逐步增加，生源从以政府公派为唯一渠道、政府公派生为唯一生源发展到具有公费生和自费生两种生源，政府公派、校际交流、自费等多种渠道。其中，自费生从20世纪90年代开始在全国的对外汉语教学机构中普遍成为主要生源，而韩国语言留学生的大量增加在这一转变中起到了最大的推动作用。90年代初，韩国语言留学生开始大量来到中国，成为中国大陆最大的语言留学生群体，并一直持续到现在。语言留学生的增加，刺激了对外汉语教学事业的发展，开展对外汉语教学的高校在短短几年内就增加至100多所。② 因为自费留学生学费高，且以外汇缴纳学费，大多数高校的对外汉语教学机构在这一时期的前期乃至中期均具有“创汇”“增收”的作用，加上其“涉外”的性质，在所在的高校一般均作为涉外部门被施以特殊管理。

来华语言留学生数量的逐步增加，推动相关的师资培养工作也不断

① 吕必松:《对外汉语教学发展概要》,北京语言学院出版社,1990年,第7页。

② 吕必松:《对外汉语教学发展概要》,北京语言学院出版社,1990年,第9页。

发展。1978年，北京语言学院正式创办四年制的现代汉语本科专业，以培养汉语教师为主要目标之一；1983年，又开设了以培养对外汉语教师为主要目标的对外汉语教学专业。1985年，北京外国语学院、上海外国语学院、华东师范大学等院校也相继开设了类似的专业。1986年，北京大学和北京语言学院开始培养对外汉语教学方向的硕士研究生。之后，南开大学、南京大学、四川大学、华东师范大学等也开始招收对外汉语教学方向的研究生。这类研究生招生，一般挂靠在语言学及应用语言学专业下。90年代中期，一批高校的对外汉语教学机构升级为独立的学院或系，形成各高校的对外汉语教学机构一方面开展对外国留学生的汉语教学，一方面开展对外汉语师资培养工作的格局。各高校的对外汉语教学部门，成为对外汉语教学工作的主要承担者，同时也是对外汉语师资的培养者之一。

到1988年，北京语言学院、北京大学、清华大学、北京外国语学院、北京师范大学、南开大学、山东大学、南京大学、复旦大学、同济大学、华东师范大学、厦门大学、中山大学等校的留学生总数（含学习其他专业者）均达到100人以上。除北京语言学院以外，北京大学、中国人民大学、北京师范大学、北京外国语学院、山东大学、复旦大学、上海外国语学院、暨南大学、厦门大学、陕西师范大学、东北师范大学等院校都成立了系一级的对外汉语教学机构，其他接受外国留学生的院校也大多成立了教研室一级的机构。①

1987年7月，经国务院批准，国家对外汉语教学领导小组成立，负责统一领导和协调全国的对外汉语教学工作，以国家对外汉语教学领导

① 吕必松：《对外汉语教学发展概要》，北京语言学院出版社，1990年，第10页。

小组办公室（简称国家汉办）为常设机构。①

2004 年，国家汉办决定在世界各地设立推广汉语和传播中国文化的机构——孔子学院。孔子学院采取由孔子学院总部和当地机构合作办学的机制，第一家孔子学院于 2004 年在韩国首尔成立，到 2020 年 9 月，在世界 162 个国家和地区共建立了 541 所孔子学院和 1170 个孔子课堂。②

伴随着事业的发展，对外汉语教学/汉语国际教育的学科也得以建立并不断发展。1978 年，在中国社会科学院召开的北京地区语言学科规划座谈会上，吕必松提出应当把对外国人的汉语教学作为一个专门的学科，会后发表于《中国语文》1978 年第 1 期的《北京地区语言学科规划座谈会简况》中提到，“要把对外国人的汉语教学作为一个专门的学科来研究；成立专门的机构，培养专门的人才”③。1984 年 8 月，时任教育部长何东昌在教育部的一次来华留学生工作会议上做报告时说，“对外汉语是一门新型的学科”，这意味着对外汉语教学作为一门学科的地位已经得到政府和学术界的承认。20 世纪八九十年代，有关专家、学者就对外汉语教学的学科性质、研究对象、学科理论等展开了大量研讨，对学科性质、特点、规律等有了较为深入的认识，取得许多共识，写出了一批有分量的论文和专著，对外汉语教学的学科体系基本形成。这一阶段还有其他一些该学科建设的标志性成果和事件，如专业学术团体的成立，专业学术期刊、出版社、研究机构的创立，专业教学机构的数量增加、规模扩

---

① 2006 年，根据中国民主促进会中央委员会在全国政协十届四次会议上提交的《关于进一步加快汉语国际推广》的提案，国家对外汉语教学领导小组改名为国家汉语国际推广领导小组。

② 数据来自于《孔子学院年度发展报告 2017》，见国家汉办/孔子学院总部网站。

③ 《北京地区语言学科规划座谈会简况》，《中国语文》1978 年第 1 期。参见吕必松：《对外汉语教学发展概要》，北京语言学院出版社，1990 年，第 13 页；李培元：《中国对外汉语教学的四十年》，《世界汉语教学》1989 年第 3 期。

大和建制升级，专业人才培养体系的建立和完善等，前辈学者们对此已有过详细的论述，兹不赘述。①

在这一时期，除了事业和学科的双重属性之外，随着规模的扩大，对外汉语教学/汉语国际教育也成了一个行业。对外汉语教师/国际汉语教师则成了一种较为热门的职业，有国家汉办和其他机构所设立的多种相关资格证书考试和认证。由于本科和硕士研究生专业招生的存在和发展，对外汉语/汉语国际教育还同时作为专业②而存在。

三、汉语国际教育学科的人才培养：繁荣与困局并存

根据李向农、贾益民的看法，学科有两个含义，一是作为知识体系的科目与分支，二是高校教学、科研等的功能单位，是对教师教学、科研业务隶属范围的相对界定。学科建设中的“学科”含义偏指后者，但与前者也有关联。③ 汉语国际教育学科建设，依托的主要是国内各汉语国际教育机构。我们不妨先来分析一下这些机构的现状。国内的汉语国际教育机构主要分布在高等院校。一个典型的高校汉语国际教育机构，其学生构成从国籍上看包括留学生和中国学生。留学生中一般包括语言进修生、本科生、研究生，其中语言进修生又有长期、短期之分。留学本科生的专业多为汉语言，但近来在国家汉办的支持下，又开设了留学生“汉语国际教育”本科专业。中国学生分为本、硕、博三个层次，本科专业一般为汉语国际教育，根据我们的统计，目前全国有 366 所高校开设

① 参见吕必松：《对外汉语教学发展概要》，北京语言学院出版社，1990 年，第20－23页；李培元：《中国对外汉语教学的四十年》，《世界汉语教学》1989 年第 3 期。

② 本文此处所使用的“专业”概念，主要是就相关机构的招生和人才培养体系而言。

③ 李向农、贾益民：《对外汉语与汉语国际教育：专业与学科之辩》，《湖北大学学报（哲学社会科学版）》2011 年第 4 期。

了汉语国际教育本科专业。硕士研究生分学术型和专业型两种，专业型硕士即汉语国际教育硕士专业学位研究生，目前国内有149所高校拥有汉语国际教育硕士的招生权；学术型硕士各校名称不一，一般挂靠在语言学及应用语言学或汉语言文字学专业下招生。截至目前，国内有汉语国际教育及其相近方向博士授权点的高校有14所。拥有完整的汉语国际教育（及相近方向）本、硕、博三级培养体系的高校仅有8所，为中央民族大学、华东师范大学、山东大学、四川大学、北京外国语大学、北京语言大学、上海外国语大学、南京师范大学。（汉语国际教育学科的学生类别构成情况，参见表1。）

国内大多数汉语国际教育机构既是从事汉语国际教育的部门，同时理论上又是汉语国际教育师资的培养者。之所以说“理论上又是汉语国际教育师资的培养者”，是因为实际情况要复杂得多。许多院校的汉语国际教育工作和汉语国际教育人才培养并不属于同一机构，甚至不同层次的汉语国际教育人才培养工作也不属于同一个机构。

表1 汉语国际教育学科的学生类别

	进修生		本科生		硕士研究生		博士研究生	
	长期	短期	汉语言	汉语国际教育	学术型	专业型	学术型	专业型
留学生	有	有	有	有	有	有	无	无
中国学生	无	无	有	有	有	有	有	有

此外，国内汉语国际教育本、硕、博三级培养体系形成顶部骤然变细的不协调的金字塔结构（见表2），培养博士的院校非常少，与本科和硕士培养院校的庞大基数极不匹配。目前国内的汉语国际教育机构主要分布在高校，而新入职的教师需要有博士学位是大部分高校，尤其是双

一流、211高校招聘教师的基本要求。事实上进行留学生汉语教学的汉语国际教育机构也主要分布在双一流、211高校。这意味着绝大多数的汉语国际教育专业本科毕业生和汉语国际教育专业硕士及学术型硕士毕业生无法成为专业的汉语国际教育从业者。而这实际上也正是目前的实际情况，即汉语国际教育专业的毕业生，绝大多数在毕业后最终都未从事汉语国际教育工作。尽管国家汉办/孔子学院总部每年向海外派出数以千计的汉语教师志愿者能暂时解决部分汉语国际教育本科和硕士毕业生的从业需求，但志愿者的岗位并不是稳定的长期工作岗位，志愿者一旦离岗，就面临着新的就业需求。此外，由于志愿者岗位的短期性和流动性，其对工作效果的影响和由此造成的资源浪费都极为明显。笔者所接触过的以汉语教师志愿者身份在海外工作过的汉语国际教育硕士，在谈及工作体会时，几乎都认为志愿者的短期身份和定期轮换是影响工作效果、限制其所在孔院发展的重要因素。五年前，笔者在探讨汉语国际教育本土化的一篇文章中曾提到，汉语国际教育硕士的招生，应转向以外籍为主，以解决汉语国际教育师资本土化的问题。今天，汉语国际教育师资本土化的问题仍然急迫。如果我们想让汉语变为一种类似于英语的国际语言，就不能永远依靠志愿者和公派教师去发展世界各国的汉语教学。如果一种外语真的进入了各国的国民教育体系，那么其发展应当主要靠当地政府和当地师资的支持。英语教学在世界各国的现状就是最好的例证。

表2　汉语国际教育专业本、硕、博三级培养院校数量

培养层级	院校数量
本科	366
硕士	149
博士	14

注：硕士一级统计的是有汉语国际教育硕士招生权的学校数量。

汉语国际教育的本科和硕士研究生的招生单位数量和招生人数最近十余年一直呈直线上升之势，但毕业生在汉语国际教育领域的就业形势则一直并不乐观。结构性的缺陷是导致这一现状的重要因素。综合考虑汉语国际教育人才培养体系和汉语国际教育事业的现状，笔者以为，对汉语国际教育的中国本科生和硕士研究生均不应再增加招生，而是要根据就业的实际情况制订招生计划。一些不具备招生条件的院校，应当停止招生。而汉语国际教育的博士研究生招生（包括中国籍和外籍博士生在内），在保证培养质量的前提下，则均应当增加招生部门和招生人数。汉语国际教育的外籍本科与硕士研究生招生，则应在确保质量的前提下，稳步扩大规模。

四、汉语国际教育学科的定位和发展方向：应遵循学科规律

一直以来，有关汉语国际教育的重大事件，总会对汉语国际教育学科发展带来巨大的震动，激起有关学科定位和发展方向的新讨论。而伴随这种讨论，又总会有一些焦虑和迷茫的情绪出现。孔子学院的建立，对外汉语教学更名为汉语国际教育，国家希望中华优秀文化“随着汉语走向世界”①，汉语国际教育硕士专业学位研究生和汉语国际教育方向博士专业学位研究生的设立及其专业定位等，无不造成了这样的影响。

汉语国际教育近十余年来一直在中国国内受到各界的高度关注，尽管就业形势并不理想，但考生报考的热情未见丝毫减少。另一方面，一些汉语国际教育的从业者对于汉语国际教育的现状往往有许多不解和不

① 许琳：《汉语国际推广的形势和任务》，《世界汉语教学》2007 年第 2 期。

满，对其发展趋势也发出了一些质疑的声音，对汉语国际教育学科的发展也表达了一定迷茫和担忧的情绪。

汉语国际教育学科的创立和发展无疑都与汉语国际教育事业息息相关，但在探讨汉语国际教育学科的定位和发展时，必须首先明确，汉语国际教育学科与汉语国际教育事业并不等同。作为学科与事业，二者分别有各自的发展规律。作为汉语国际教育事业的主要从业者，汉语国际教育的一线教师希望在这一事业的发展中有最大的发言权，希望这一事业按符合自己意愿的方向发展是可以理解的。目前，汉语国际教育事业最主要的依靠学科，仍然是汉语国际教育。但汉语国际教育事业的各方面需求超出汉语国际教育学科的范畴也是正常现象。例如，目前在海外建立的一些以传播中医、武术、传统中华艺术为主要任务的孔子学院，其所需的专业教师就不是汉语国际教育学科可以培养和提供的。在汉语国际教育的学科建设中，以本学科承揽汉语国际教育所需全部人才培养的理念是不现实的，必须予以放弃。

教师始终是汉语国际教育所需的最主要的人才，而人才培养正是汉语国际教育学科的主要任务之一。汉语国际教育所需要的专业教师，其专业能力要求主要在汉语中华文化及中国国情知识及教学组织能力、课堂管理能力、跨文化交际能力等方面。① 如何培养出符合这种需求的人才，是今后汉语国际教育学科建设的重要课题。

（本文曾于2019年5月在于德国埃尔朗根—纽伦堡大学召开的第十一届东亚文化交涉学会年度大会上宣读）

---

① 参见孔子学院总部/国家汉办:《国际汉语教师标准》，外语教学与研究出版社，2015年。

汉语国际教育硕士培养与国际汉语教育的本土化

一、汉语国际教育与国际汉语教育

进入 21 世纪后，由于“对外汉语教学”作为专业名称存在表述上的缺陷并且无法概括本行业的新特点，业内开始尝试使用新的概念来代替之。经过一段时间的讨论，目前以“汉语国际教育”作为正式名称替代传统的“对外汉语教学”已成为共识。与此同时，一些学者也试图找到一种新的专业名称来概况世界范围内的汉语作为第二语言的教学与中华文化传播，作为这种探讨的结果，“国际汉语教育”正开始逐步取代传统的“世界汉语教学”“海外华文教育”等叫法。

对于“汉语国际教育”与“国际汉语教育”这两个概念，笔者认为：汉语国际教育由对外汉语教学发展而来，是指中国国内相关机构和部门针对海外学习者所开展的汉语作为第二语言的教学及中华文化传播，在作为一种事业存在的同时，也成为一门独立的学科；国际汉语教育是包括汉语国际教育在内的中外各国所开展的汉语作为第二语言/外语的教学与中华文化传播。“汉语国际教育”及“国际汉语教育”均在汉语作为第二语言的教学之外，同时明确地将中华文化传播作为重要任务与内容，这是它们与传统的“对外汉语教学”和“世界汉语教学”的主要区别，是它们在理念上所取得的重要发展和进步。作为国际汉语教育的重要组成部分，汉语国际教育以促进汉语国际推广为使命，其发展对于国际汉语教育的前途有重要的影响。

二、汉语国际教育应以促进国际汉语教育本土化为重要目标

与国际上最为成功的作为第二语言/外语的英语、法语、德语、西班牙语等语言的教学相比，目前国际汉语教育还有许多不足之处，其中尤为突出的一点就是本土化程度严重不足，其主要表现是汉语国际教育在其中发挥的作用太大，也就是说中国在其中发挥的作用过大。目前我国主要通过汉语国际教育在国际汉语教育中发挥着主导和推动作用，一方面接受大批留学生和国际汉语教师来华学习汉语、进修和接受培训，另一方面通过派出汉语教师及志愿者、合办孔子学院/课堂、提供教学资源支持等形式，对世界各国的汉语教育提供教师、资金和教学资源的支持，为国际汉语教育发展提供了重要的推动力，并在事实上主导着国际汉语教育的发展，但我们并不乐见这种情况长期存在。从世界范围来看，作为第二语言/外语的语言教育及相关文化传播发展到成功的阶段后，基本都不再依赖母语国的推动，如包括我国在内的各非英语国家的英语语言及相关文化传播，就早已不依赖英语国家的推动，教师也以本土教师为主。但从目前汉语国际推广的形势来看，中国仍必须继续花大力气推动国际汉语教育，这一事实恰恰说明了国际汉语教育距离我们所期望的成功仍有很长的一段路要走。

我们所期望的国际汉语教育在未来一段时间内发生的改变是：汉语国际教育之外的其他各国的汉语教学和中华文化传播在国际汉语教育中所占的比重不断增加，并最终大大超过汉语国际教育所占的比重；外籍国际汉语教师的数量不断增加，并大大超过中国籍的国际汉语教师的数量。这个过程不应意味着汉语国际教育的萎缩或发展变缓，而应意味着

国际汉语教育的迅猛发展导致汉语国际教育在其中所占比例相对减小。不论何时，中国都应力争在国际汉语教育中保有主导权，这种主导权在未来应当由现阶段的资金、教师等方面的主导转变为汉语语言标准、国际汉语教师标准及培训体系、中华文化知识和价值体系解读标准等方面的主导——客观上国际汉语教育也确实需要中国在这些方面发挥主导作用，且没有任何其他国家能取代中国在这些方面发挥主导作用。对于这种改变的推动，要通过汉语国际教育来实现，因此，汉语国际教育应当以促进国际汉语教育的本土化作为重要目标。

三、推进汉语教师本土化是推动国际汉语教育本土化的重中之重

为推进国际汉语教育的发展，推动各国汉语教育本土化应成为目前阶段汉语国际教育的重要任务，而推进汉语教师本土化又是推动国际汉语教育本土化的重中之重。

汉语教师本土化程度不足是目前国际汉语教育本土化程度不足的最突出的表现。随着国际汉语教育的发展，世界各国对汉语教师的需求量持续迅速增加，但各国本土汉语教师数量有限，对国际汉语教育的发展形成了制约。近年来我国持续大规模增加向世界各国派出的汉语教师和汉语教师志愿者的数量，为此投入了大量的人力和财力，却仍远不能满足世界各地对汉语教师的需求。很明显，解决国际汉语教师数量瓶颈问题不能仅依靠中方增派教师和志愿者，从长期来看，主要还需依赖本土化国际汉语教师的数量增长。

与中国派出的汉语教师相比，本土化汉语教师在国际汉语教育中有着许多明显的优势：不存在生活、语言、文化障碍，有利于全方位地进行语言和文化传播工作；可以减少外方对中国进行“文化入侵”的误解

和戒心，更有利于和平传播中华文化；长期工作，有利于当地汉语教学的稳定和发展，且成本优势明显——中方派出的汉语教师和志愿者在两年任期满后大多会离任回国，由新教师接任，由此一方面产生了大量行前培训需求，另一方面每一任新教师都需重新适应当地生活、熟悉当地的教学，其所赴任部门也需要重新做新赴任教师的各种接待工作。由中方派出教师和志愿者，对中外双方来说都增加了人力、财力上的支出，对教学工作也会带来一些消极影响。如果由本土教师来承担这些工作，上述问题自然不复存在。

四、汉语国际教育硕士培养与国际汉语教师本土化

国际汉语教师本土化有着如此多的优势，因此推进海外汉语教师本土化一直备受我国汉语国际教育界重视。但本土化的汉语教师在汉语语言标准选择、对中华文化的解读、政治倾向、教学内容和教材的选择等方面都存在很大的不确定性，这无疑会影响汉语国际教育对国际汉语教育的主导，影响国际汉语教育的健康发展。在这种情况下，汉语国际教育专业硕士学位的设置为解决这一矛盾提供了新的途径。

为提高我国汉语国际推广能力，加快汉语走向世界，改革和完善国际汉语教学专门人才培养体系，培养适应汉语国际推广新形势需要的国内外从事汉语作为第二语言/外语教学和传播中华文化的专门人才，2007年，国务院学位委员会批准设立汉语国际教育硕士专业学位，先后批准了两批共63所院校作为汉语国际教育硕士专业学位培养单位。

汉语国际教育硕士专业学位的设立是我国为适应汉语国际推广的新形势而采取的重要举措，在行业内外都被寄予了很高的期望。尽管自正式招生以来，在课程设置、海外实习渠道、毕业生就业等方面也出现了

一些具有普遍性的问题，但汉语国际教育界人士仍对其前途持乐观态度。根据本人参与汉语国际教育硕士培养工作的实践和思考，笔者认为设立这一专业学位是适时且正确的，可以在国际汉语教育本土化的进程中发挥重要作用。

如果我们大力培养外籍汉语国际教育硕士，使他们在未来的国际汉语教师团体中占据相当的比例，并成为国际汉语教师中的主流群体，则可以以他们为桥梁实现我国汉语国际教育对国际汉语教育的主导。如前所述，我国未来对国际汉语教育的主导，应主要体现在对汉语语言标准、国际汉语教师标准及培训体系、中华文化知识和价值体系解读标准的主导，如能将外籍汉语国际教育专业硕士培养作为国际汉语教师培养的主要渠道，自然也就能实现我国对国际汉语教师标准和培训体系的主导。可以通过在学期间培养学生形成正确的汉语语言标准观、合理的汉语和中华文化知识体系，以及对中华文化的正确理解，使他们在之后的教学工作中自觉地解读和使用这些知识、标准和价值观，并由此在国际汉语教育中形成主导。

五、外籍汉语国际教育硕士培养与本土化国际汉语教育的教学质量

在大力推进国际汉语教育本土化进程的同时，也应高度重视本土化国际汉语教育的质量，尤其是教学质量。如果我们以外籍汉语国际教育硕士培养作为改善本土化国际汉语教师质量的途径，就绝不能只是增加招生数量，在培养环节中，也要下大力气，力争每一个外籍汉语国际教育硕士毕业生都成为合格的国际汉语教师。笔者以为，国际汉语教育的教学质量，与汉语国际教育一样，也主要取决于教师、教材和教学法，而三者的质量均可依赖外籍汉语国际教育硕士的培养予以改善。

（一）教师

从《全日制汉语国际教育硕士专业学位外国留学生指导性培养方案》（以下简称《培养方案》）的内容来看，其力求将外籍汉语国际教育硕士培养为合格的国际汉语教师的意图很强烈，相关的课程设置也很有针对性，但在实际操作过程中，仍不无改进余地。以下我们稍加分析。

本土化国际汉语教师的母语并非汉语，与中国的汉语国际教师相比，在语言方面存在劣势。因此在培养过程中，应加强各项汉语技能的训练，着力强化其汉语基础，使其汉语应用水平进一步提高，《培养方案》在核心课程的第（1）类，即“学位公共课程”的三门课程中安排了“高级汉语”这样一门汉语技能课，显然正是基于这样的考虑。在培养实践中我们发现，这一课程的设置极为必要，也受到了学生的欢迎。

但在《培养方案》中，除“高级汉语”这一门汉语技能课外，其他文化、汉语知识、汉语教学等方面的课程又基本都用汉语讲授，如果学生在入学之时汉语水平较差，则单纯依靠一门汉语技能课难以解决其语言障碍问题，其学习质量自难以保障。由于外籍汉语国际教育硕士在学时间有限，需要开设的课程门类多，增加更多的汉语技能课也不现实，因此在笔者看来，在实际的招生环节，各培养单位需严把招生对象的汉语关，否则就会影响学生入学后的培养质量。目前《培养方案》有关招生对象的规定中对汉语水平的要求比较模糊，希望未来《培养方案》能对招生对象的汉语水平做出更高的、更为详细的要求，最好有详细的HSK（汉语水平考试）等级要求。当然，考虑到国际汉语教育发展的地区不均衡现状，对于国际汉语教育不发达的国家和地区可以予以照顾，可将对招生对象的汉语水平要求放低一些。但入学时汉语水平未达到正常标准要求的学生，来到中国后，应安排其在正式开始攻读汉语国际教育专业硕士学位之前，先进行一段时间的汉语学习，期满后参加 HSK 考试，成绩达到要求后正式入学；如未能达到要求，则需继续学习，直至考试合格为止。

除了汉语知识和技能外，外籍汉语国际教育硕士应建构的另一个知识领域是中华文化。与中国籍汉语国际教育硕士不同，外籍汉语国际教育硕士没有传播中华文化的义务，在这一点上我们不可以强求他们，但为了更好地学习汉语，更准确地认识中国和中华文化，更顺利地与中国人进行交际，外籍汉语国际教育硕士需要对中国的文化和国情有一定的了解和掌握，而且一旦他们将来从事国际汉语教育工作，客观、准确地介绍中华传统文化的精髓，向自己的学生描述一个更接近事实的当代中国，澄清对中国的各种误解和不符合事实的印象，势必成为他们无时不将面对的工作。因此，无论从个人的需要，还是从专业要求的角度来说，在学期间外籍汉语国际教育硕士都应尽可能好地建构起中华传统文化和当代中国国情知识。《培养方案》在核心课程中安排了中华文化和中国国情方面的课程各一门，即“中华文化专题”和“当代中国专题”；在拓展课程中安排了“中华文化经典”，训练课程中安排了“中华文化才艺与展示”；此外还有 1 学分的文化体验要求，在专题讲座部分则将文化与语言、教育并列为内容之一。从这些安排来看，《培养方案》对使外籍汉语国际教育硕士增强中华文化理解能力和中国国情知识积累不可谓不重视。但笔者以为现地资源是我们培养外籍汉语国际教育硕士增强中华文化理解能力及增加中国国情知识积累的最大优势之一，因此《培养方案》在现有的安排以外，还应更多地设置以文化体验、国情了解、跨文化交际训练为目的的参观、访问、观光、修学旅行、实习等，以尽可能地发挥中国国内教学所具备的现地资源优势。

（二）教材

汉语教材是影响国际汉语教育质量的重要因素之一，如果我们在培养中注意提升外籍汉语国际教育硕士掌握教材资源和使用、编写教材的相关能力，他们未来应能在推广国内优秀国际汉语教材以及国际汉语教材本土化的工作中发挥重要作用。

目前国内有许多优秀的对外汉语教材，笔者也接触过一些国外的本土汉语教材，相比之下，在种类之丰富、时代性之强、更新换代之快、语言之准确和地道等各方面，国内出版的同类教材更有优势，因此有必要对外推广我国的优秀国际汉语教材。但随着国际汉语教育本土化的发展，国际汉语教材本土化也势在必行。本土教材针对性强，文化障碍少，有母语翻译，本土学生使用更为方便，确有很大的优势，因此我们也应同时大力推进国际汉语教材的本土化。在目前阶段，由于国际汉语教材在种类、国别等各方面的空白和缺口还很大，需要多方推进以弥补不足，因此同时对外推广国内优秀国际汉语教材和推进国际汉语教材本土化并不矛盾。

近年来，我国汉语国际教育界对国际汉语教材本土化的工作非常重视，出版了大量的国别化教材，但这类国别化教材多是在普适性教材或针对欧美学生编写的教材的基础上开发的，同真正的本土化教材还有一定的差距，同时国别化的范围也很有限；而单纯依靠自己的力量来编写本土化汉语教材，多数国家也无法做到。因此，中外合作编写各国的本土汉语教材应成为未来国际汉语教材本土化的趋势。外籍汉语国际教育硕士毕业生在未来应成为推广中国的高质量国际汉语教材以及承担中外合作编写本土汉语教材工作的重要力量。为此，《培养方案》应设置汉语教材资源、汉语教材编写理论方面的课程，以使学生对中国现有的国际汉语教材资源和编写理念有一定的了解和掌握，以利于他们从事国际汉语教育工作后利用中国已有的相关教材资源以及参与中外合作编写本土汉语教材的工作。

（三）教学法

在教学法方面，《培养方案》中设置有“汉语作为第二语言教学”“第二语言习得”“课堂教学案例分析与实践”“汉语语言要素教学”“汉语技能教学”“汉外语言对比与偏误分析”“教学设计与管理”“现代教育技术应用”等课程，此外还规定有6学分不少于6个月或240课时以上的教学实习。通过如此丰富且全面的相关课程设置，应当可以将中国汉语国际教育界乃至国际第二语言教学界在教学理论、教学法等方面的研究成果和经验全面地传授给学生，帮助他们在未来的国际汉语教育工作中提升教学质量，并由此推进国际汉语教育在教学法方面的进步。

六、余论

综上所述，教师本土化是目前国际汉语教育发展的关键和核心。我国既应顺应潮流，大力推进国际汉语教师本土化，同时又要继续把握国际汉语教育的主导权。要达成这样的目标，最好的方法莫过于下大力在中国为世界各国培养本土化汉语教师。汉语国际教育硕士专业学位研究生培养无疑为完成这一目标提供了最好的渠道。有鉴于此，笔者以为汉语国际教育硕士专业学位应加大外籍学生的招收比例，并逐渐变为以培养外籍学生为主。为此，我国可以加大对外籍汉语国际教育硕士的奖学金支持。当然，还应利用我方在合办孔子学院中的发言权，为外籍汉语国际教育硕士争取毕业后在本国的孔子学院任教的职位。这一点尤为值得重视。许多国家的国际汉语教育部门也多分布于高校，外籍汉语国际教育硕士归国后因无博士学位，想进入高校求职难度极大。在这种情况下，我方如能利用孔子学院为他们提供职位，对他们将是极大的帮助，会对今后的外籍汉语国际教育硕士招生产生有利的影响，同时对推动国际汉语教育的本土化及保证我们在其中的主导权也是有利的。

在增加外籍汉语国际教育硕士招生的同时，也应提高入学招生的语言水平要求，这两者并不矛盾。要以外籍汉语国际教育硕士的培养作为推进国际汉语教育本土化的重要途径，不能仅是培养数量的增加，还要确保培养质量的提升。如果外籍汉语国际教育硕士毕业生质量不高，缺乏竞争力，则势必难以成为国际汉语教师群体中的主力军，通过外籍汉语国际教育硕士培养来促进国际汉语教育本土化也就无法实行。而为了提高汉语国际教育硕士的培养质量，严把招生关是有必要的。并且，在未来外籍汉语国际教育硕士在国际汉语教育界赢得较好的声誉后，设置较高的入学门槛只会进一步增加外籍汉语国际教育硕士的声誉，使被录取的学生产生更强的自豪感和责任感。

总之，希望能通过我们不懈的努力，力争在不远的将来使外籍汉语国际教育硕士毕业生成为国际汉语教师队伍中的一支主力军。从这一角度来说，汉语国际教育硕士的培养，对于国际汉语教育的本土化乃至其前途有着重要的意义。

（本文原载于《国际汉语教育》2014 年第二辑）

参考文献：

[1]陈璐.从汉语国际推广到国际汉语教育:21 世纪国际汉语教育研究述评[J].云南师范大学学报(对外汉语教学与研究版),2011(1).

[2]李泉.关于建立国际汉语教育学科的构想[J].世界汉语教学,2009(3).

[3]亓华.试论设立“汉语国际教育与传播学”一级学科的必要与可能[J].语言教学与研究,2010(3).

[4]孙强.汉语国际传播提升文化软实力的策略与路径[J].南京社会科学,2012(12).

[5]汪国胜.对汉语国际教育硕士培养相关问题的反思[J].湖北大学学报(哲学与社会科学版),2011(4).

[6]吴勇毅.孔子学院与国际汉语教育的公共外交价值[J]. 新疆师范大学学报(哲学社会科学版),2012(4).

[7]赵金铭.国际汉语教育研究的现状与拓展[J].语言教学与研究,2011(4).

[8]纪宝成.关于国际文化战略问题的几点认识[J].学术界,2009(3).

[9]国务院学位办.汉语国际教育硕士专业学位研究生指导性培养方案[R].2007.

[10]国务院学位办.全日制汉语国际教育硕士专业学位研究生指导性培养方案[R].2009.

[11]国务院学位办.全日制汉语国际教育硕士专业学位外国留学生指导性培养方案[R].2010.

浅议汉语国际教育本科专业的课程设置

随着各院校的“对外汉语”专业名称纷纷更名为“汉语国际教育”，这一本科专业的建设和发展已进入一个新阶段，在这个新阶段，培养方案显然也应根据新形势而做出新的改变，并主要在课程设置中体现出来。

目前汉语国际教育本科专业尚无全国统一的培养方案，但考虑到这一专业旨在培养从事汉语国际教育工作的人才，特别是有相当一部分毕业生会成为国际汉语教师或继续攻读汉语国际教育硕士，因此在课程设置上可以借鉴国家汉办所制订的《国际汉语教师标准》，从职业和专业发展的角度来看，则更要考虑如何满足《国际汉语教师标准》的要求以及和汉语国际教育专业硕士的课程进行对接。有鉴于此，本文将主要从与《国际汉语教师标准》的要求及汉语国际教育硕士培养方案相关的角度来探讨汉语国际教育本科专业的课程设置问题。

一、《国际汉语教师标准》与汉语国际教育本科专业的课程设置

《国际汉语教师标准》由国家汉办组织研制，由五个模块组成。分别为：①语言知识与技能，包括“汉语知识与技能”和“外语知识与技能”两个标准。②文化与交际，包括“中国文化和中外文化比较”与“跨文化交际”两部分。③第二语言习得理论与学习策略。④教学方法，包括“汉语教学法”“测试与评估”“课程、大纲、教材与教辅材料”和“现代教育技术与运用”四个标准。⑤综合素质。五个模块中所描述的技能主

要涉及汉语本体、语言学及应用语言学、中华文化、跨文化交际、教育学等领域，具体到各个模块，所涉及的专业范围则非常之广。如仅在“文化与交际”模块中的标准三“中国文化”下，就要求教师应了解中国历史文化、中国主要哲学思想与宗教文化、中国文学与艺术、中国民俗文化以及中国国情的基本知识，并运用于教学。可以说，对跨学科知识素养和应用能力的高水平要求，是《国际汉语教师标准》突出的特点。

汉语国际教育本科专业所培养的学生在毕业后有相当一部分会通过就业、担任海外汉语教师志愿者等方式成为国际汉语教师，因此从职业发展的角度来看，汉语国际教育本科专业在课程设置上要考虑如何满足《国际汉语教师标准》的要求，因此要同样注意突出跨学科性质。具体而言，课程体系中至少应包含汉语言文字学、语言学及应用语言学、中外文化、传播学、跨文化交际、教育学等六个主要板块。

《国际汉语教师标准》所要求的知识面非常广，所涉及的知识领域相当多，从以前的经验来看，国内本科专业的选课系统很难完全满足这一要求，即使选课系统可以满足，学生也难以修完如此之多的课程。因此对这一要求的满足，主要寄希望于学生的自学和自我积累。但目前，随着慕课和翻转课堂等新教学方式的兴起，学生通过学校的选课系统和线上课程资源，能修满《国际汉语教师标准》所涉及的知识领域的课程已并非不可能。同样的，这些新教学方式也可以为培养单位解决设置跨学科课程方面的难题提供新的思路和方法。

二、汉语国际教育硕士培养方案与汉语国际教育本科专业的课程设置

汉语国际教育硕士专业学位设立于 2007 年，“培养目标为适应汉语国际推广工作，胜任汉语作为第二语言/外语教学的高层次、应用型、复

合型专门人才”[①]。目前共有三个相关的培养方案，其中2007年版针对在职专业硕士，2010年版针对外籍专业硕士，对本文有借鉴意义的主要是针对全日制专业硕士的2009年版培养方案。2009年版培养方案[②]在课程设置上的突出特点：一是跨学科性质浓厚，二是实用性强，主要设置有汉语作为第二语言教学、跨文化交际、中华文化传播、教育与教学管理、教学案例等类课程。

汉语国际教育本科专业与汉语国际教育硕士专业学位研究生的专业性质基本一致，因此后者的培养方案对于汉语国际教育本科专业具有很大的借鉴意义。从培养目标上来看，汉语国际教育本科专业显然也应当强调综合培养学生的语言和文化传播能力，培养能适应汉语国际教育的复合型人才，这同样要求在课程设置中突出跨学科特点。

汉语国际教育硕士的课程设置实用性特点突出，这是其作为专业学位研究生教育的性质所决定的。由于自身本科教育的性质，汉语国际教育本科专业的课程设置不宜过于强调应用性，本科是打基础的阶段，相当一部分毕业生将在毕业后进入研究生阶段继续深造，因此课程设置应当理论与应用并重，尤其要重视基础课程的设置。我们对此有一定的体会：在南开大学汉语言文化学院研究生招生的实际工作中，有相当多的学生跨专业报考汉语国际教育硕士并被录取，入学后，这一部分学生表现出汉语本体知识、语言学基础理论方面的欠缺；此外，也有一些语言类专业出身的考生，由于种种原因，汉语本体知识和语言学基础理论也有欠缺，不得不在入学后和非语言类专业出身的同学一起参加语言类课程的补修。这一经验提醒我们，汉语国际教育本科专业要特别重视汉语

① 见国家汉办网站。

② 即《全日制汉语国际教育硕士专业学位研究生指导性培养方案》。

本体知识和语言学基础理论方面的课程设置。

汉语言文字学、语言学及应用语言学、中外文化、传播学、跨文化交际、教育学等六个主要板块，从实际需要来看，又应当以汉语言文字学方面的课程为重中之重。尽管汉语国际教育以中华文化的传播作为重要任务，但现阶段汉语国际教育中的中华文化传播不宜脱离语言传播活动，汉语教学是汉语国际教育中一切工作的基础，因此在汉语国际教育本科专业的课程设置中，汉语言文字学方面的课程应占有最重要的位置。这一板块课程的比例应得到确保，课程设置要全面，以求为本专业的学生打下最重要的专业基础。

三、汉语国际教育本科专业与汉语国际教育硕士专业的课程体系对接

从表面来看，汉语国际教育硕士在学制上显然是汉语国际教育本科专业在研究生教育阶段的延续，但二者目前在课程体系上并没有形成良好的对接。这主要是由于汉语国际教育硕士专业学位的设立稍早于国内对外汉语本科专业大规模更名为汉语国际教育。现阶段汉语国际教育本科专业在改革课程设置时要考虑到与汉语国际教育硕士课程体系的对接，但这种对接不意味着汉语国际教育硕士培养方案中设置了的课程，汉语国际教育本科专业就不能设置。由于本科阶段的基础性，汉语国际教育本科专业的课程设置首先要从“我”出发。当然，在设课方向上可以借鉴汉语国际教育硕士的课程设置。汉语国际教育硕士的课程设置在今后进行调整时，也要考虑到国内汉语国际教育本科专业的课程设置情况。

许多同行认为，汉语国际教育既然名称中有“教育”，自然应体现出教育学科的一些特点。汉语国际教育硕士在课程体系中安排了教育与教学管理、教学案例类课程，这一点值得汉语国际教育本科专业借鉴。有

一部分汉语国际教育本科专业的学生本科一毕业就走上了教学岗位，在本科阶段有相关的课程和实习，对他们无疑能起到巨大的帮助。但是这类课程一旦在本科阶段设置，必然会和汉语国际教育硕士乃至国家汉办海外汉语教师志愿者行前集训的部分课程形成重复，这一问题在此前已有许多反馈。笔者以为，解决同样的课程在汉语国际教育本科、汉语国际教育硕士及国家汉办海外汉语教师志愿者行前集训中重复的问题，主要应当依靠三者互相承认选课及选课成绩有效的方式解决。如果采用这种方法，汉语国际教育硕士和国家汉办海外汉语教师志愿者培训的课程设置都可以更加丰富，学生和参训者的选课自由度和学习效率也会大大提高。

四、汉语国际教育本科专业课程体系的指向性及实践性

根据笔者对南开大学汉语言文化学院毕业生的调查，无论是对外汉语专业的本科毕业生，还是更名后的汉语国际教育专业的本科毕业生，在求职的过程中都遭遇了一定程度的尴尬。许多用人单位不认可对外汉语或汉语国际教育专业，不愿录用这一专业的毕业生。有的学生反映，有的中小学在招聘语文教师时明确表示不招收对外汉语或汉语国际教育专业的毕业生。一些学生据此对我们的课程体系有所质疑，希望能根据就业市场的需要进行一些调整。

笔者认为，现在各高校的选课系统大都支持跨专业、跨院系选修，从就业的实用角度考虑，学生在校期间可以根据自己的求职意向选修一些相关的课程，但因此而要求本专业在课程设置上做出调整是不现实、不合理的。汉语国际教育本科专业的设置，目的在于培养汉语国际教育的基础人才，各培养单位的性质、师资、条件都是与此相适应的，开设

超出培养单位能力范围的课程是不现实的。汉语国际教育专业毕业生目前所面临的就业困境，主要还是由于就业市场需求与毕业生数量之间的矛盾造成的。国内就业市场对汉语国际教育基础人才需求不多，而国内开设汉语国际教育本科专业的院校较多，每年毕业生数量超出实际需求，导致大量毕业生只能跨专业求职。解决这一问题，需要各开设汉语国际教育本科专业的院校在招生时注意根据就业市场的实际情况调整招生规模，尚未开设而打算开设汉语国际教育本科专业的院校则应做好充分的调研，避免盲目开设。

目前确实需要特别关注的，是实习课程的设置和质量。作为培养教育教学人才的专业，汉语国际教育本科专业的课程设置必须保证学生有一定时间的对外汉语教学实践，原则上这个教学实践的时间至少应是一个完整的学期。从这一角度来说，笔者认为汉语国际教育本科专业的开设单位应当同时也是专业的汉语国际教育部门，这样才便于为学生提供面对外国留学生的教学实习机会。

总之，汉语国际教育本科专业的课程设置应当注重跨学科性质，保证汉语言文字学、语言学及应用语言学、中外文化、传播学、跨文化交际、教育学等六个主要板块在课程设置中有充分的体现，其中又应以汉语言文字学为重点，同时还要重视并保证学生的教学实习时间及其实习质量。

（本文收入王立新、冉启斌：《汉语国际教育本科专业学科建设论》，南开大学出版社，2016 年）

参考文献：

[1]白宏钟.汉语国际教育硕士培养与国际汉语教育的本土化[J].国际汉语教育，2014(2).

[2]国务院学位办.全日制汉语国际教育硕士专业学位研究生指导性培养方案[R].2009.

[3]国家汉语国际推广领导小组办公室.国际汉语教师标准[S].北京：外语教学与研究出版社，2007.

中华文化传播篇

汉语国际教育中的中华文化传播

——借鉴传播学和传播史的分析

自从“汉语国际教育”取代“对外汉语教学”作为正式的行业和专业名称以来，中华文化传播一直被确定为汉语国际教育的主要任务之一。在过去的十年中，汉语国际教育的中华文化传播工作较之对外汉语教学时代在重视与投入程度、工作内容与形式的丰富性以及所取得的成果等方面无疑都有了极大的进步，但也还有许多亟待改善之处，在国内外也引起了一些争议。[①] 目前，中华文化传播工作与汉语国际教育中其他一些工作一样已走过了大发展的阶段，亟须从注重量的增加转向注重质的提高，而汉语国际教育界学者对中华文化传播工作还缺乏足够的研究和反思。据此，本文拟从传播学和文化传播史的角度对汉语国际教育中的中华文化传播工作进行总结和探讨。在传播学领域，由于角度、重点不同，对于传播类型的划分也有不同，最为常见的分类方法是分为四种基本的传播类型：内向传播、人际传播、组织传播和大众传播。本文将首先以这种分类分析和反思汉语国际教育工作中的文化传播，之后再结合文化传播史上的相关案例探讨中华文化传播工作思路的改进方向。

---

① 一些欧美国家所谓中国借孔子学院进行文化和价值观输出，矛头指向的主要是汉语国际教育中的中华文化传播工作。来自国内的批评则主要是质疑孔子学院建设及开展工作耗费资金过多，效果存疑。

一、内向传播角度的分析：中华文化传播应以与教学结合的方式为主

传播对象通过自己的感官接受外部世界的信息，在体内处理这些信息，并把处理的结果转化为信息输出前的预备状态，这一传播过程就是内向传播。汉语国际教育的文化传播对象接受中华文化传播，一定要经过其自身的内向传播才能完成。

在中华文化传播工作中，受传者在内向传播的过程中主要会发生排斥、误解、接受三种情况。排斥是受传者主观上不愿接受中华文化传播，但第二语言学习一旦开始，相关的文化传播自然会发生，因此受传者一旦开始学习汉语，即使主观上始终排斥，也难免会在潜移默化中了解一些中华文化。不过这种无意识状态下所接受的中华文化，其程度和效果远远低于我们的期望，并且与我们为此所付出的努力不成比例。误解是由于受传者之前对中华文化有刻板印象或误解，在接受中华文化传播过程中，由于这些刻板印象和误解的影响导致对新受传的知识仍不能正确接受，出现新的误解。接受是我们所期望的一种理想状态，但即使是这种理想的状态，我们所传播的内容与受传者最终内化接受的内容也不可能是完全一致的。根据建构主义学习理论，学习者学习时不是被动地接受客观的知识，而是积极主动地建构对知识的理解。由于学习的这种特点，受传者所接受和理解的中华文化与我们传播给他们的也难免会存在一定差异。这种差异，既体现在受传者选择接受的中华文化同我们所希望的并不完全一致，也体现在受传者对中华文化的理解与我们并不完全一致。总之，即使受传者乐于接受教师传播中华文化，其对中华文化的接受范围和理解也不可能完全符合传播者的意愿。

由于排斥态度的存在，在汉语国际教育中进行中华文化传播工作就需要注意方式方法。在美国、欧洲等地发生的对“孔子学院进行中国文化输出、文化入侵”的指责固然有一些偏见和传统思维作用的原因，但既然这种偏见和传统思维短时期内无法消除，就必须正视其存在，更加讲求传播中华文化的方式方法，避免引发新的误解。

刻板印象和误解的存在，更是要求中华文化传播工作要讲求质量，目标不应过高过大，而要在自己的能力范围之内，甚至低一些也可以。但传播工作的质量一定要高，切忌因为传播工作的质量不高导致既不能消除受传者对中华文化的旧有误解，还导致其产生新的误解。从提高传播质量的角度出发，笔者主张汉语国际教育中的中华文化传播工作一定要依托高质量的传播载体进行。而这种高质量的传播载体，就目前来看主要应是教材，包括语言教材和文化教材。既无教材依托，又无其他高质量传播载体的文化传播，想要做好就要有更多的投入，但在可持续性上则远不能与依托教材的文化传播相比，在投入产出比上则更无法与之相提并论。因此，中华文化传播工作的重点还是应当放在教学上，包括语言教学和文化教学。

接受的态度最为理想，但学习有其自身的规律，因此对于中华文化传播工作我们可以有热情，但在具体的工作中则决不能太急切，要尊重学习规律，尊重受传者的思想自由。这要求我们的文化传播要避免说教和宣传，要尽量做到平和、客观。在这一点上已有学者有过很好的论述①，兹不赘述。

总之，从内向传播的角度来看，目前中华文化传播工作还是应以与

---

① 参见李泉:《文化内容呈现方式与呈现心态》,《世界汉语教学》2011 年第 3 期。

教学结合的文化传播为主。

二、人际传播角度的分析：应坚持汉语国际教育重视“三教”的传统

人际传播[①]是发生在人与人之间的传播行为，是传播者与受传者之间的信息互动过程，可以是面对面的信息传播，如交谈、交往、对话等，也可以是借助传播媒介进行的传播，如写信、打电话等，可以在两人之间进行，也可以在群体中传播。从事汉语国际教育工作的教师在教学和生活中对留学生所进行的文化传播主要属于人际传播。我们一直提倡汉语国际教师要加强个人文化修养，主要也是考虑到教师人际传播在文化传播中所起的重要作用。为此，国家汉办所制订的《国际汉语教师标准》[②] 的五个模块中设置了“文化与交际”模块，对国际汉语教师在中外文化素养、跨文化能力方面提出了高水平的要求；而《全日制汉语国际教育硕士专业学位研究生指导性培养方案》也非常重视中华文化传播能力的培养，专门设置了核心课程“中华文化与传播”。为了帮助各培养单位建设这门课程，国家汉办和全国汉语国际教育硕士专业学位教育指导委员会还专门举办了各汉语国际教育硕士培养单位“中华文化与传播”课程任课教师的研修班。此外，国家公派汉语教师、孔子学院和孔子课堂教师、汉语教师志愿者在派出之前均须参加国家汉办/孔子学院总部举办的行前集训。近年来，国家汉办对这类集训不断加大投入和加强正规化建设，在集训中也特别注意了加强中华文化素养和跨文化能力方面的

---

① 人际传播有广义和狭义之分，广义的人际传播指内向传播之外的一切传播行为，本文所说的人际传播仅指狭义的人际传播。

② 国家汉语国际推广小组领导办公室：《国际汉语教师标准》，外语教学与研究出版社，2007 年。

内容。以上举措，都与提高汉语国际教育工作者的中华文化传播能力有关，并在一定程度上起到了这种作用。

但另一方面，由于我国本科教育专业设置过细，通识教育起步晚，导致国内大学毕业生知识面较为狭窄，这一缺陷短时期内难以完全消除。可以想见，在相当长的一段时间内，《国际汉语教师标准》宽知识面、高能力、复合型人才的要求与大部分从业教师个人的知识能力之间还会存在差距。对于这一问题，无论是全员培训、行前集训等培训手段，还是国际汉语教师证书考试都不能完全解决问题。在此情况下，强大的教学资源支持显然是更为有效的解决方法。这种教学资源支持包括高质量的语言和文化类教材以及相关的阅读材料、视听材料。其中最为关键的还是教材。目前，教师在备课中通过网络以及其他渠道获取任何材料都并非难事，但经过深思熟虑的、被实践反复检验和修正过的、成熟的教学方案的质量及其效果是教师个人的随意发挥和临时准备所无法比拟的。因此，我们希望经过教学实践检验和证明的优秀文化教学成果都能被以教材的形式固化，并提供给全行业使用。当然教师的个人素养仍然是非常重要的，因此在大力建设高质量教材的同时，仍需努力提高教师个人文化素养和文化传播能力，汉语国际教育重视教师、教材和教法的传统在此依然适用。

三、组织传播角度的分析：信息输入及输出有待改进

组织传播是指组织成员之间或组织与外部社会之间的信息交流活动。组织传播的重要特点之一是其具体活动是在有组织、有领导的情况下进行的，传播活动有一定的规模。汉语国际教育行业整体来说较为松散，但也具备了一定的组织特点。国家汉办/孔子学院总部是汉语国际教育的

行业领导机关，在其领导之下，汉语国际教育明确地将传播中华文化作为重要任务，由国家汉办牵头，或由其他学会、机构组织各种与中华文化传播工作相关的研讨会、培训，通过课程大纲、教师标准、培养方案等规定相关的教师能力标准、师资培养目标，编写有关的教材和读物，将部分相关教学资源进行多语种的翻译和双语化并推广使用；通过上述种种举措在全行业的中华文化传播工作中形成一定程度的统一思路和标准。

孔子学院和国家公派汉语教师的组织特点更加明显，孔子学院和国家公派汉语教师的中华文化传播工作，也更明显地具备组织传播的特点。孔子学院教师和国家公派汉语教师有统一的招录标准和招聘选拔面试，在派出前有统一的集训，在集训中对于各类派出人员都会进行相关工作职责和纪律的讲座。此外，集训中一般有强化相关文化知识、文化传播能力和跨文化能力的板块。派出人员赴任后在相关中华文化传播资源方面可以通过申请汉办赠书、使用网络孔子学院等途径得到国家汉办/孔子学院总部的支持。

组织传播分为组织内传播和组织外传播两种情况，组织内传播又分为横向传播和纵向传播，纵向传播又分为上行传播和下行传播。从组织传播的角度来看，汉语国际教育中的中华文化传播工作纵向传播比横向传播做得好，下行传播比上行传播做得好。通过相关的研讨会、培训等各种形式进行的信息传播，大多由国家汉办、全国汉语国际教育硕士专业学位教育指导委员会（即教指委）、世界汉语学会发起和组织，而行业内各一线教学部门之间的交流、沟通、合作、互动等横向传播活动则颇为不足。通过国家汉办、孔子学院总部、教指委的相关会议、文件、公告以及其所组织制订的各种标准、大纲等形式在行业内进行的下行传播基本能满足行业内的相关下行信息沟通需求，但基层教学部门、孔子学院教师、国家公派汉语教师、海外汉语教师志愿者向国家汉办、孔子学院总部反馈信息等上行传播则有待加强。而这些横向传播和上行传播的重要性则绝不亚于纵向传播和下行传播。例如，孔子学院教师和海外汉语教师志愿者对于当地文化的了解和体会，对于自己和自己所在孔子学院在当地所开展的中华文化传播活动的方式方法和效果的评估、总结和反思，对于继任者改进工作方式方法，乃至国家汉办改进教师集训内容和工作指导方针，都有极为重要的参考价值。值得欣慰的是，目前汉语国际教育行业内关于中华文化传播工作的横向传播与上行传播正在不断增加。例如，近年来出现了一些由基层汉语国际教育教学部门主办或参与主办的论坛，有的在业内已经形成品牌效应，在加强同行之间交流中华文化传播工作的相关信息方面发挥了重要作用。此外，国家汉办通过在孔子学院教师、国家公派汉语教师、海外汉语教师志愿者中收集案例、要求他们撰写工作报告和离任总结等方式，在一定程度上加强了相关信息的上行传播。当然，类似的横向传播和上行传播活动还应继续增加。

组织传播的另一种情况是组织外传播，包括信息输入与信息输出两个方面。组织的信息输入是组织为进行目标管理和环境应变决策而从外部广泛收集和处理信息的活动。组织的信息输出主要是指组织有目的、有计划的宣传活动。组织外传播的目标主要是提升和维护组织的认知度、美誉度和和谐度。就目前的情况看，汉语国际教育的中华文化组织外传播在信息输出与信息输入两方面都存在一些亟待改进的问题。

在信息输出方面，随着孔子学院数量的不断增加，孔子学院逐渐为世界所知晓，甚至一度成为热门新闻话题。在国内，汉语国际教育也为更多的人所关注，报考汉语国际教育本科、专业硕士、科学硕士的考生，以及报名应聘孔子学院汉语教师志愿者的人数一直保持增长或持平的趋势。但这些并不能说明我们的信息输出工作已经完美，近年来孔子学院在欧美国家遇到了一定的形象问题，孔子学院在这些地区成为新闻热门话题往往伴随的是对“中国输出文化和价值观”的担忧以及“孔子学院干涉学术自由”的批评。造成这些问题的原因很可能不在孔子学院本身，但也反映出孔子学院的海外公关宣传和形象建设方面还有很多工作要做。在国内，包括向往从事汉语国际教育事业的人在内，许多人对汉语国际教育的认识与现实存在很大差距。例如，在孔子学院汉语教师志愿者招录过程中，一些报名者只选择发达国家岗位报名，拒绝服从被分配至不发达国家的岗位，这说明他们不了解也不能接受汉语国际教育工作艰苦的一面。事实上汉语国际教育在国内的形象宣传上也还需要做许多工作，应当更全面地展示汉语国际教育工作的各个方面，特别是要让公众了解汉语国际教育工作艰苦的一面，这样才能赢得更多的理解和支持，并让更多真正乐于献身于汉语国际教育事业的人才加入志愿者队伍。

在信息输入方面，汉语国际教育所面临的问题则更为迫切。世界各地的汉语学习者和渴望了解中国的人是否欢迎我们传播中华文化？他们喜欢哪些中华文化？什么样的传播方式更合理？在不同国家和地区的传播内容和方式应当有什么区别？我们已经做过的中华文化传播工作效果如何？有哪些需要改进的地方？对于这些对开展中华文化传播工作至关重要的问题，迄今仍没有相关机构做过系统的、规模以上的调查。这导致中华文化传播工作的宏观决策缺乏扎实的依据，对于工作效果的评估也缺乏标准和说服力。

作为组织传播，汉语国际教育中华文化传播活动另一个较大的问题出现在和谐度方面。汉语国际教育要将中华文化传播作为主要任务，这一观点经过讨论在业内已成为主流观点，但反对的声音也一直存在，这其中有对汉语国际教育事业理解不同的原因，而国际舆论对中国通过孔子学院输出文化和价值观的指责，欧美国家关闭孔子学院，华人世界对孔子学院耗费财力过多①的质疑等对这些反对的观点也都有影响。

要平息业内质疑和反对的声音，取得好的工作效果是最佳途径，这同时也是平息国际舆论猜疑的最佳途径。2004 年第一所孔子学院在韩国建立，截至 2015 年 12 月 1 日，全球 134 个国家（地区）建立了 500 所孔子学院和 1000 个孔子课堂，这样的发展速度是歌德学院、法语联盟等世界其他同类机构所无法比拟的。除了发展速度之外，孔子学院所取得的语言和文化传播效果是否能与上述同类机构相比，因无人做过深入调查和研究而无从得知。但无论如何，孔子学院不可能永远以前十年的高速度继续无限制地发展下去，否则迟早会出现资金和人员的干涸。在下一阶段孔子学院应当由追求量的进步转为追求质的提高，唯有如此才是可持续发展的路径。因此，与其不计成本地继续追加资金投入，不如努力提高语言和文化传播效果。而在这其中消除误解和质疑，融入当地文化，取得信任是极其重要的前提条件。要做到这些，需要仔细检讨孔子学院现行运行机制、工作方式方法等各方面与合作国家有无价值观念违和之处，在各个国家根据当地情况灵活处理，但总的原则应当是尊重当地文化。目前阶段，踏实地做好语言教学工作是基础，在不具备条件的情况下，不必大张旗鼓地进行中华文化传播活动。

---

① 例如，旅美学者薛涌 2006 年 3 月 31 日在其个人新浪“博客”的《怎样复兴中国文化》一文中所提出的相关质疑，该言论在网络上流传甚广。

四、大众传播角度的分析：大众传播可资利用但目标需务实

大众传播是指专业化的媒介组织运用先进的传播技术和产业化手段，以社会上一般大众为对象而进行的大规模的信息生产和传播活动。汉语国际教育中的中华文化传播本质上并不属于大众传播，但在具体的传播工作中，却大量使用大众传播的手段和大众传播媒介。例如，国家汉办/孔子学院总部对网络孔子学院的建设，其他汉语国际教育部门对与汉语国际教育和中华文化传播工作相关网站的建设，以及利用这些网络平台所开展的网络教学，即属于利用大众传播手段进行汉语和中华文化传播工作。再如，国家汉办主办的“汉语桥”中文比赛，在决赛阶段以电视直播的方式呈现，邀请著名电视节目主持人主持比赛，并借鉴了流行娱乐节目的一些做法，使得比赛具备了相当的观赏性和娱乐性，扩大了比赛的影响，这也属于对大众传播手段和大众传播媒介的有效利用。

一线汉语国际教育部门和国际汉语教师在工作中既有对大众传播手段的利用，如网络教学，更多的则是对大众传播媒介所传播的内容的利用。例如，视听说课程的教学材料都是在电影、电视剧、纪录片、电视节目等素材的基础上加工而成。① 报刊阅读课程的教材则在国内的主流报纸、杂志上选取新闻报道和文章作为阅读课文。② 在精读、听力、口语等其他类教材中，也存在有大量从大众传播媒介所传播内容中取材的情况。

大众传播是目前影响最大的传播类型，其影响范围、影响力和效果

---

① 如李菊先、王树峰编著的《秦淮人家：中高级汉语视听说教程》（北京语言大学出版社）；刘立新、邓方编著的《汉语视听说教程：家有儿女，双色版》（世界图书出版公司）。

② 如吴成年编著的《读报纸，学中文：准高级汉语报刊阅读》《读报纸，学中文：中级汉语报刊阅读》《读报纸，学中文：高级汉语报刊阅读》等系列教材（北京大学出版社出版）；吴卸耀编著的《时代——中级汉语报刊阅读教程》（北京语言大学出版社）。

远远超过其他三种传播类型。一些发达国家文化产业发达，有优秀的大众文化产品和发达的大众传媒，它们通过大众传媒向全球传播自己的大众文化产品，取得了传播本国文化的良好效果，并从中取得收益。比如，好莱坞电影、日本动漫、哈利波特系列产品在全球的传播就都属于这种情况。这种文化传播模式极为理想。上述汉语国际教育界对大众传播媒介所传播的内容的利用，无疑是受到了这种大众文化传播模式的影响，希望更好地利用我国大众文化产品和大众媒介为中华文化传播工作服务，这种思路值得肯定。

不过，我国的文化产业、大众传媒、大众文化的发展水平和发达程度均不及发达国家。因此，尽管许多同行希望汉语国际教育教材更多地展示当代中国文化，展示当代中国的发展成就，但我们所编写的教材中却总是更多地在展示传统文化和历史上所取得的成就。耶稣会传教士在中国传教时，习惯于利用自鸣钟、三棱镜、天文仪器等物品来展示欧洲当时先进的科技成就，引起受传者的注意和兴趣。而我们的教师和志愿者往往是用剪纸、葫芦丝、太极拳、书法等中国传统文化来引起学生的兴趣。这其中的主要原因大概还是因为觉得我国当前发展水平不高，在潜意识里对于当代中国的文化和发展成就是否能吸引受传者信心不足，因此更愿意利用中国传统文化的独特性和魅力来吸引受传者。但其实中国本身对许多受传者来说就是最大的兴趣点所在。包括汉语学习者在内，许多人对中国这个世界上人口最多的东方大国充满兴趣，渴望了解中国，因此展示真实的中国不失为一种吸引受传者注意，激发其学习汉语、了解中国的兴趣的好手段。

良好的国际大众传播环境对于一个国家在全球建立正面形象有无可估量的帮助作用，但我国所面临的国际大众传播环境却一直很不理想。

西方媒介在当今全球大众传播中占据绝对优势地位，居于主导地位，国际社会对我国的误解和负面印象，在相当程度上与这些西方媒介长期以来有选择地及带有偏见地报道和描述中国有关。基于这种现实，汉语国际教育的中华文化传播工作目标也不应过高，而应以澄清对中国的各种误解，消除不实印象，客观、准确地展示真实的中国为主。同时因为这样的工作目标，汉语国际教育工作者在利用大众媒介、大众文化产品时，要注意选择有利于学生建立对中国的正面印象的内容，而不要主动展示负面的东西。

五、结合传播史的思考：精英传播应成为中华文化传播工作的重要思路

通过上述四个角度的分析，可以看出汉语国际教育的中华文化传播工作目前存在的一些问题。为了解决这些问题，达到更好的效果，中华文化传播首先需要在工作思路上谋求改进。（令人惊讶的是，汉语国际教育界在过去的十年中不但未形成关于中华文化传播工作具体目标和思路的统一见解，相关的讨论也很罕见。）事实上，汉语国际教育的中华文化传播工作在历史上有很好的借鉴对象，那就是明末清初欧洲来华传教士，特别是其中的耶稣会士所做的文化传播。借鉴这一经典案例，并结合汉语国际教育当前的实际，笔者认为汉语国际教育在中华文化传播工作中应以精英传播作为重要思路。

自中华文化传播被列为汉语国际教育的主要任务之后，即有学者在第一时间注意到了明末清初西方传教士，尤其是耶稣会传教士所引发的

中西文化交流对当前的中华文化传播工作的启示性。① 另外据笔者所了解，许多培养单位的教师在为汉语国际教育专业硕士讲授“中华文化传播”课程时，都将明末清初西方传教士在中国的文化传播活动作为经典案例来讲解。显然大家都注意到了二者之间的关联和相似性。

明末清初耶稣会传教士在中国的传教活动是精英文化传播的经典案例。耶稣会传教士在中国活动的目的是传教，但实际上，其对中西文化交流的贡献远远大于其在传教方面的影响。关于耶稣会在中国的活动，学界的研究已经很成熟。本文在此仅总结其在文化传播方面取得成功的原因：第一，传教士们个人素质都很高，是一个精英群体。他们宗教意志坚定，多才多艺，尤其是在语言和自然科学方面的造诣大都很高，很熟悉欧洲当时的科学发展状况。第二，重视中文学习。来中国的耶稣会传教士都会花很大的精力来学习中文，其中很多人中文水平很高，这为他们与中国人，尤其是士人交流以及用中文著述提供了条件。第三，重视著述和翻译。耶稣会在华传教士几乎都用中文著述，或介绍天主教教义，或介绍欧洲的各种科技成就，还和中国士人合作翻译欧洲经典科技著作。这在他们本是吸引中国士人关注天主教乃至入教的手段，但这些著作在当时和其后很长一段时间内对中国学术界造成了巨大影响，并在一定程度上改变了明末清初的学风。例如，明末清初的舆地学和天文学、数学，都受到了耶稣会传教士中文著作的重大影响。第四，走上层路线，搞精英传播。利玛窦来到中国后，很快发现儒家学者在中国的特殊地位，发现了中国官方的特殊权威，于是在传教活动中，他把精力几乎完全放在了结交上层士人、在精英群体中发展教徒上。在利玛窦主持耶稣会在

① 参见吴瑛：《文化传播：从天主教耶稣会到孔子学院》，《现代传播》2009 年第 3 期。

华事务期间，耶稣会在华所发展的教徒数量增长缓慢，但却出现了“圣教三柱石”徐光启、李之藻、杨庭筠这样对西方文化和天主教在华传播产生了巨大和深远影响的精英教徒。“三柱石”这样的精英，在天主教和西方文化在华传播方面所发挥的作用，远比成千上万的普通教徒多得多。如果当初利玛窦在发展教徒的过程中将数量置于质量之上，可以想见中西文化交流史将会完全不同。

纵观历史经验可以发现，在跨国、跨民族文化传播中，受传民族和国家主动接受传播方所传播的文化，对传播方来说是最佳传播途径。即使受传者一方在接受文化传播过程中是被动的，也一定要经过主动学习、接受传播的阶段，才能真正接受受传文化。在华耶稣会士之所以能在西学东渐中取得“无心插柳柳成荫”的重大成就，当然离不开他们所发展和结交的中国精英人士。传教士们大量撰写和翻译介绍欧洲科技成就的著作，正是因为在经过一段时间的接触后发现了中国精英们在这一方面的巨大兴趣和需要。而这些著作通过中国学者们的关注和传播又最终取得了更大的影响。而在此过程中，传教士们的汉语能力以及他们对中华文化的了解则在他们与中国士人的结交、合作以及自己的著述过程中发挥了关键作用。

再如自鸦片战争后，西方国家以战争、条约、传教等方式向我国传播西方文化，但激起了我国人民的持久抵制与反抗，其中不乏义和团运动这样的激烈方式。不过自新文化运动开始，学术界提倡民主、科学，畅言学习西方，国内风气为之一变，西方文化在中国的传播自此一日千里。这种西方文化的在华传播，是由国内学者主动选择、学习、传播的结果，与此前被动接受西方文化在影响和效果方面均不可同日而语，但这一次飞跃式的传播又是在之前西方文化主动传播的基础上发生的。

利玛窦和耶稣会的做法，无疑激发了中国精英知识分子对西方文化的兴趣，取得了与他们的合作，收到了受传者主动学习和传播西方文化的效果。笔者以为，汉语国际教育工作能从中得到的启示是：与其耗费资金去搞大范围的文化传播和推广活动，不如踏踏实实地做好汉语教学。真正需要不计成本的是培养精英分子，中华文化传播工作需要由这些精英分子向其本国人民去做。

人们喜爱一个国家和民族的文化，可能是被一些大众文化产品所吸引，还有可能是被其更高层次的文化产品和精髓所吸引，如小说、诗歌、音乐、绘画作品、建筑、历史等。对于大多数受传者来说，接触和欣赏另一国家或民族的文化，不管是大众文化产品还是更高层次的文化产品，均要经过翻译。当然，在翻译之前，还要经过精通该国或该民族语言文化的学者的选择和推介。而这些译介工作，一般是由受传民族学者来完成，这些精通另一国家或民族的语言和文化，能在文化跨国传播中起到普通人所无法替代的重要作用的学者和翻译家，就是文化传播中的精英。汉语国际教育应当培养这样的精英传播人才。

多年来，许多业内专家一直呼吁在汉语国际教育中不但要向学生传播表层的中华文化，更要把那些深层的、理解中国人的气质和精神世界所必须了解的文化，诸如儒学、道家思想、禅宗思想、审美观、价值观等传播给学生。要做到这一点，我们需要把那些体现着中华文化精髓的古典著作，如四书五经、先秦诸子著作、唐诗宋词、四大名著乃至近现代和当代的优秀著作推介给各国人民。在这一过程中，我们需要各国汉学家、中国通、汉语翻译人才的合作与努力，需要精英传播。

由此可见，好的文化传播首先需要好的汉学家、中国通，其次需要好的翻译，这些都是以汉语教学为基础的。文化传播是一项长远的工作，切忌急功近利，今天踏实的汉语教学工作，是未来的中华文化传播真正的基础。我们乐于看到国家汉办设立“新汉学计划”这样资助培养青年汉学家和高层次中外文化交流的项目。这一项目使得我国汉语国际教育的外籍中华文化传播精英培养更富有层次。目前，国内各高校汉语言类专业的外籍本科留学生培养、外籍汉语国际教育硕士培养和“新汉学计划”基本组成了初步的立体的外籍中华文化传播精英培养体系，这一体系加上世界各地孔子学院的汉语教学和各国已有的汉语、汉学、中国研究人才培养体系，形成了汉语国际教育培养未来世界各国中华文化传播精英分子的现有平台。

从数量上来看，中华文化传播精英人才培养的投入产出比无疑会很小，成千上万的汉语学习者中最后只有极少数人能成为汉学家、中国通、汉语翻译家。但这种传播精英在传播中华文化方面的作用，则是普通的汉语学习者无法比拟的。如果我们在未来五十年中能培养出一定数量的汉学家、中国通、汉语翻译家，那将是汉语国际教育中华文化传播工作的巨大成功。

（未刊稿）

参考文献：

[1]吴凡.传播学概论[M].杭州：浙江工商大学出版社，2012.

[2]胡河宁.组织传播[M].北京：科学出版社，2006.

[3]牟钟鉴，张鉴.中国宗教通史[M].北京：社会科学文献出版社，2003.

[4]姜飞.传播与文化[M].北京：中国传媒大学出版社，2011.

[5]白宏钟.浅议汉语国际教师文化传播能力培训[M]//北京国际汉语推广中心，北京师范大学汉语文化学院.国际汉语教育人才培养论丛(第四辑).北京:北京大学出版社，2014.

[6]巴兰，戴维斯.大众传播理论:基础、争鸣与未来[M].曹书乐，译.北京:清华大学出版社，2014.

[7] 皮亚杰 J，加西亚 R.心理发生和科学史[M].姜志辉，译.上海:华东师范大学出版社，2005.

[8]布鲁纳.教育过程[M].邵瑞珍，译.王承绪，校.北京:文化教育出版社，1982.

[9]比格 M L.学习的基本理论与教学实践[M].张敷荣，张粹然，王道宗，译.北京:人民教育出版社，1991.

[10]吴瑛.文化传播:从天主教耶稣会到孔子学院[J].现代传播，2009(3).

[11]孙强.汉语国际传播提升文化软实力的策略与路径[J].南京社会科学，2012(12).

[12]赵金铭.国际汉语教育研究的现状与拓展[J].语言教学与研究，2011(4).

[13] 亓华.试论设立“汉语国际教育与传播学”一级学科的必要与可能[J].语言教学与研究，2010(3).

[14]国务院学位办.全日制汉语国际教育硕士专业学位研究生指导性培养方案[R].2009.

[15]国家汉语国际推广领导小组办公室.国际汉语教师标准[S].北京:外语教学与研究出版社，2007.

浅议汉语国际教师文化传播能力培训

一、汉语国际教师文化传播能力培训的意义

语言与文化密不可分，第二语言教学的文化传播功能是客观存在的，中华文化传播是汉语国际教育中一直客观存在的事实；从达成跨文化交际的目的出发，汉语国际教育也必须要传播中华文化，只有把中华文化传播的工作做好，才能真正地培养汉语学习者与中国人进行跨文化交际的能力。

更为重要的是，对外汉语教学/汉语国际教育从来都不仅是一个学科，作为一种受到国家重视和扶持的事业，它承载了国家赋予的向世界传播中华文化的使命。语言传播是文化传播的天然理想媒介，汉语国际教育应利用自身的优势，做好传播中华文化的工作，帮助国家增强软实力。这种文化传播，目的应在于展示真实的中国，同时与世界分享中国的优秀文化。

总之，从学科专业的角度看，开展中华文化传播工作，是汉语国际教育专业本身的要求；从事业和行业的角度看，进行中华文化传播工作是汉语国际教育所担负的国家赋予的使命。因此，许嘉璐先生指出汉语国际教育目前应转入以传播中华文化为主要任务的第二阶段无疑是非常准确且适时的。而在这一阶段，文化传播能力应成为汉语国际教师不可或缺的基本能力。

目前，国内汉语国际教师的文化传播能力大都距行业标准的要求有相当的差距，这与我国高等教育在专业、课程设置和人才培养模式方面所存在的一些问题有关。这些问题并非短时间内可以完全解决，因此，在今后相当长的一段时间内，汉语国际教师文化传播能力的培养，仍不能期待完全依靠学历教育来完成。在此情况下，行业内的培训就成为提高汉语国际教师文化传播能力的极为重要的途径，将在相当长的时间内发挥无可替代的重要作用。

二、2007版《国际汉语教师标准》中有关文化传播能力的要求

早在2007年国家汉办发布的《国际汉语教师标准》（以下简称2007版《标准》）中，国际汉语教师的文化传播能力就得到了相当的重视。2007版《标准》由五个模块组成，对教师文化传播能力的要求主要体现在其中的“文化与交际”模块中。该模块下的“标准三：中国文化”提出了教师掌握和传播中华文化的能力标准，并分别规定了历史文化、哲学和宗教文化、文学与艺术、民俗文化、国情等五个分项能力标准，在五个分项标准之下，又都进一步规定了基本概念范畴，并对基本能力做了详细描述。

要传播中华文化，仅了解中华文化是不够的，还要对世界上的其他主要文化、跨文化交际的理论和知识以及文化与跨文化交际对语言教与学的影响有一定了解。“文化与交际”模块中的“标准四：中外文化比较与跨文化交际”对这方面的能力标准做了描述，设置了七种具体分项标准，在各分项标准之下，也规定了具体的基本概念范畴和基本能力要求。

2007版《标准》对于汉语国际教师在中外文化知识和跨文化交际知识方面知识面要求非常广，能力要求也很高。这种标准，对汉语国际教

师无疑是具有挑战性的，但这又确实是在汉语国际教育实践中总结出来的实际要求。在这种情况下，需要发挥汉语国际教师文化传播能力培训的作用，使教师达到《标准》的相关要求。

三、汉语国际教师文化传播能力培训的现状及经验——以两次培训为例

目前，国内的汉语国际教师文化传播能力培训主要是国家汉办/孔子学院总部主办，各汉语国际推广基地承办的孔子学院教师、国家公派汉语教师、海外汉语教师志愿者的集训。上述培训均为综合培训，文化传播能力培训一般会作为其中一项内容，和语言知识、汉语教学技能、综合素质等其他方面的内容一同设置安排。2011 年 7 至 8 月，由国家汉办/孔子学院总部、全国汉语国际教育硕士专业学位教育指导委员会主办，北京师范大学人文宗教高等研究院承办的汉语国际教育专业硕士研究生"中华文化与传播"课程研修班是汉语国际教育界首次专门举办的文化传播能力培训，具有开创性的意义。

笔者曾作为参训学员分别于 2001 年和 2006 年夏参加了国家汉办组织的公派汉语教师行前集训，于 2011 年夏参加了前述"中华文化与传播"课程研修班；此外也曾作为工作人员分别于 2009 年夏、2009 年 11 至 12 月、2010 年 1 至 4 月参与了国家汉办主办，南开大学承办的国家公派汉语教师培训，非英语语种汉语教师（海外项目）培训，赴泰国、尼泊尔海外汉语教师志愿者培训的工作。根据笔者个人的感受，随着时间的推移，文化传播能力的培训在历次培训中愈来愈受重视，在培训内容中所占的比重不断上升。尤其是在 2007 版《标准》发布之后，相关培训对于文化传播能力的重视达到了更高的水平，并且有关培训内容的设置

均不同程度地对应了2007版《标准》的相关要求。以下介绍其中笔者印象特别深刻的两次培训的具体情况和经验。

（一）2009年南开大学国家公派汉语教师培训营

2009年7至8月，南开大学承办了国家汉办主办的公派汉语教师培训，培训对象为经过选拔已获录用即将在下一学年派出的国家公派汉语教师171人、孔子学院（课堂）教师55人。这是南开大学第一次承办国家汉办的此类培训任务，学校对此非常重视。根据最终确定的培训计划，培训目标定为“丰富学员汉语、中国文化等方面的知识，增强对外汉语教学技能，以提高他们的传播能力、跨文化能力，使其成为汉语国际推广复合型人才”。在这一目标中，文化传播能力得到了高度重视。

根据计划，培训总学时为330学时，1/3为专家授课，1/3为以学员为主体的分班活动，1/3为课堂模拟教学、动手能力训练和文化体验活动。文化知识和跨文化理论的传授主要以专家授课的形式完成。培训计划按授课内容将专家授课分为五个板块：跨文化交际板块，占34%的比例，涉及交际学、传播学、文化认知、社会心理学、比较文化研究等领域；汉语国际推广板块，占34%的比例，涉及第二语言教学法、多媒体运用、汉语本体知识、海外汉学等领域；中华文化精粹板块，占8%的比例，涉及中国历史、地理、传统思想、民俗、文学、艺术、建筑等领域；当代中国国情板块，占16%的比例，涉及当代中国政治体制、改革开放、外交、宗教、民族、城乡建设、教育、经济、贸易等领域；沟通与管理技能板块，占8%的比例，涉及对外社交礼仪、演讲与表达、冲突及危机管理、领导及管理能力、沟通与谈判技能等领域。在所有五个板块中，都有与提高文化传播能力相关的内容，但相关性最大的是跨文化交际板块、中华文化精粹板块和当代中国国情板块。授课专家由相关领域专家学者、海外汉学家、外交官、相关领域的政府官员、资深汉语国际教育工作者组成。

除此之外，在课堂模拟教学、动手能力训练和文化体验活动的 1/3 学时中还安排了中华文化技能培训，包括书法、国画、太极拳、民乐、民族舞蹈、中国象棋、围棋、剪纸、烹饪、文化教具制作等。这些也是与文化传播能力相关的内容。

在培训开始后，根据对学员的调查，培训营发现原培训计划对中华文化精粹板块的比重安排过小，跨文化交际板块比重略大，当代中国国情板块比重稍有不足，于是培训营对授课计划做出了调整，适当增加了中华文化精粹和当代中国国情两个板块的授课内容及课时，这些调整在随后对学员的调查中得到了肯定的反馈。除此之外，中华文化技能培训也受到了学员的热烈欢迎，由于这些技能本身都需要一定时段的学习，因此学员们在接受调查时普遍表示希望增加这类培训的课时。

此次培训中所安排的与文化传播能力有关的内容在很大程度上涵盖了 2007 版《标准》的有关要求，同时对于如何通过培训解决国际汉语教师标准在文化传播能力方面对教师的文化知识面要求广、知识掌握程度要求深的难题，此次培训中的一些经验也不无借鉴的意义。通过学员的反馈，此次培训所采用的各领域一流专家集中授课，课后学员针对专家授课内容组织研讨的方式，对于学员在短时间内集中、深度掌握各领域文化知识、理论，接触最新的观点，掌握最前沿的信息，准确了解和正确理解有关国情、政策等，是非常有效的。同时，此次培训也证明，跨文化能力的提高不能仅依赖跨文化理论的学习，更多地掌握中外文化知识及通过各种模拟活动和文化体验来配合理论学习，都对跨文化能力的提高有着不可或缺的重要作用。

南开大学此后所承办的同类培训基本上都沿用了此次培训的模式：聘请各领域一流专家集中授课，课后组织学员针对专家授课内容研讨，加深对知识和理论的理解，同时通过各种技能训练、模拟活动、文化体验来提高实践应用能力。

（二）汉语国际教育专业硕士研究生“中华文化与传播”课程研修班

由国家汉办/孔子学院总部、全国汉语国际教育硕士专业学位教育指导委员会主办，北京师范大学人文宗教高等研究院承办的汉语国际教育专业硕士研究生“中华文化与传播”课程研修班于2011年7月23日至8月22日举行，参训学员为来自拥有汉语国际教育专业硕士点的全国各高校的39位承担汉语国际教育专业硕士核心课程“中华文化与传播”或其他文化课程的教师。研修班采用了专家授课、学员自主研讨以及文化考察相结合的方式。每周一至周六为研修时间，周日休息一天，在研修的六天内，一般周六安排全天文化考察（以参观为主）；周一至周五每天上午安排专家授课，下午为学员研讨时间，研讨内容主要是“中华文化与传播”课程的内容设置、授课模式、教学范例等相关问题。专家授课一共有20场，每场3小时，共有19位专家授课（其中一位专家讲了两场）。授课内容包括中华文化与跨文化交际、儒学、中国历史、中国古代建筑、中西哲学比较、中西文化比较、中医、中华文化传播策略、中国佛教、中国古代科举制度、道教、中国民俗文化、中国书法、中国历史地理、老庄哲学、中国画鉴赏、中国古代天文学、中国古琴艺术等专题。授课者均为自己所在领域的一流专家（中国佛教和道教两个专题由宗教人士主讲）。文化考察与授课内容紧密结合，并且尽可能地由相关授课专家做相应文化考察的导览，如在彭林教授主讲的“《周礼》《周易》与北京故宫”课程之后，紧接着安排了由他导览的对故宫和国家博物馆的考察，而在学诚法师主讲的“中国佛教的幸福观”课程之后，安排了对由他任住持的龙泉寺的考察。

作为此次研修班的学员，笔者认为这是一次成功的文化传播能力培训。专家授课极大地开阔了学员的学术视野，丰富了学员的知识，提升了其精神境界，使其对中华文化的理解和认识达到了新的高度，坚定了对于中华文化的自信和传播中华文化的信心。此外，学员们通过 17 次全员和分组研讨，完成了汉办师资处和教指委所交给的“中华文化与传播”课程大纲草案的编写、示范课件的制作，以及为公派汉语教师和志愿者在海外经常被问及的 34 个当代中国热点问题编写参考解答方案的任务。学员们在完成这些任务的过程中，在许多方面受到了专家授课的启发和影响。

此次研修班的计划安排科学、周密，主办方和承办方所做的准备和组织工作高效、严谨，研修期间的活动全部按照既有计划进行，从而保障了研修班在短时间内取得了非常好的效果。

此次培训的成功再次表明，高端学者密集授课的模式能在短时间内迅速提升学员的学识素养，对于解决汉语国际教师知识面不足和对知识的掌握深度有限的问题极为有效，应当成为汉语国际教师文化传播能力培训的主要形式；而专家授课、学员研讨与文化考察体验有机结合的模式在目前是我们所知的文化传播能力培训的最佳模式。

根据自己的经验和体会，笔者以为：今后专门的文化传播能力培训应成为提升汉语国际教师文化传播能力的主要渠道，应在国家汉办的领导和组织下，形成行业化、常态化、制度化的专门的文化传播能力培训机制。

四、有关汉语国际教师文化传播能力培训内容的几点看法

通过个人参加和参与培训，笔者对于汉语国际教师能力培训形成了一些粗浅的看法，谨在此提出，就教于方家。

（一）关于培训的内容

从2007版《国际汉语教师标准》中有关文化传播能力的要求来看，要达到该要求，相关文化知识的掌握至关重要，因此文化知识的传授应当是汉语国际教师文化传播能力培训的主要内容。其中中国传统文化方面的内容对于教师们理解和把握中华文化精髓、树立文化自信心有着重要的作用，因此更应成为培训内容中的重点。考虑到2007版《标准》对教师中外文化比较和跨文化交际能力的要求，在培训中也应安排相关知识的传授。此外，作为能力培训，也要考虑如何更好地使教师将知识和理论的掌握转化为实践的能力，笔者以为这一环节主要应通过案例的分析讲解来完成。因此，在文化传播能力培训中除了有关中外文化、跨文化理论的专家讲座外，文化传播案例分析应当是培训内容的另一个重要组成部分。这项培训任务，应主要由有丰富的中华文化对外传播经验的汉语国际教师来承担。

（二）培训内容中一些具体问题的处理

近年来，通过实践，业内在中华文化传播的问题上形成了一些新的看法，下面笔者结合这些看法以及笔者自己的体会，来谈谈培训内容中一些具体问题应如何处理。

1. 当代文化与传统文化

许多同行认为，目前国内出版的对外汉语教材涉及当代中国文化的内容不够，而涉及传统文化的内容则过多，并指出外国人学汉语、来中

国，主要是被今天的中国所吸引，他们想要了解的主要是当代中国，因此在教材中应尽量增加当代文化的内容，适当减少传统文化内容的比例。这种看法确实是很有道理的，那么，在针对教师的文化传播能力培训中，中华传统文化方面内容的比例是否也应减少呢？笔者认为，近代以来，西方文化一直是全球主流文化，各国的当代文化无不受到西方文化的重大影响，存在着很大的共通性。由于这种共通性的存在，想让各国学生理解中国的当代文化并不是很难，而真正使一国文化有别于其他国家的文化的，主要还是传统文化。一旦学生想在更深的层次上理解中华文化，教师就必须引领其在中华传统文化中找答案，而目前许多教师的中华传统文化素养还不够深，因此中华传统文化必须成为文化传播能力培训中最重要的内容，不宜减少其比例。当然，培训中也应适当安排当代国情和文化方面的内容。

2. 共性与差异

一些同行通过教学实践的经验认为，在文化教学中或在汉语技能教学中涉及文化因素时，应尽量强调中华文化与世界其他文化的共性，而非差异。我们认为，中华文化和世界其他文化之间的差异和共性都是客观存在的，二者在文化教学中都是相当重要的，过分强调差异容易使人觉得中华文化有“异类”性质，从而不愿学习和接受；过分强调共性，又容易抹杀中华文化的特性。总之，过分强调或忽视二者中的哪一方，都不利于有效地激发学习者对中华文化的兴趣，不利于他们正确理解中华文化。我们认为，介绍中华文化的正确模式应当是差异—共性—差异。也就是在教学的初期阶段可以用中外文化的差异使学生看到中华文化的独特之处，引发他们进一步了解和学习中华文化的兴趣；随着教学的深入，要开始强调中外文化的共性，让学习者看到在普世价值层面中外文化的共通性；当学习者对中华文化了解到相当程度时，可以再次关注中外文化的差异，使学生在更深的层面上理解中华文化。无论是讲差异还是讲共性，对中外文化的了解是基本的前提，这就要求文化传播能力培训中应当既安排中华文化的内容，也要安排对世界其他主要文化的介绍。

3. 主体与客体

目前，在汉语国际教育的工作实践中，跨文化交际问题越来越受到重视，除了重视对跨文化理论的学习和运用外，传播对象的文化背景及其对中华文化的理解与看法也越来越得到业内同行的重视，这无疑是可喜的现象。但需要指出的是，我们进行中华文化对外传播，首先需要坚定自己对于中华文化的信心，在教学实践中我们可以视具体情况进行一定的文化依附，但文化立场绝不能动摇。汉语国际教师是中华文化的传播主体，学习者是客体，双方对中华文化的理解可能永远也达不到完全一致，这是很正常的。我们既不能强求学习者对中华文化的理解与我们完全一致，也不能动摇自己的立场，改变观点以求与对方的理解一致。为此，在文化传播能力培训中应特别注意树立教师的文化自信心，坚定其文化立场。为达成这一目标，在培训中应特别注意使教师加深对中华文化精髓的理解。

（本文收入北京汉语国际推广中心、北京师范大学汉语文化学院：《国际汉语教育人才培养论丛（第四辑）》，北京大学出版社，2014 年）

参考文献：

[1]许嘉璐，石锓.关于汉语国际教育热点问题的访谈[J].湖北大学学

报,2011(4):18-20.

[2]国家汉语国际推广领导小组办公室.国际汉语教师标准[S].北京:外语教学与研究出版社,2007:15-28.

关于汉语国际教育中的中华文化传播的思考

一、中华文化传播的首要任务

传播中华文化早已被确定为汉语国际教育的主要任务之一，但是，对于汉语国际教育中的中华文化传播工作的首要任务，也就是近期我们要通过汉语国际教育中的中华文化传播达成的目标，业内还一直缺少认真的讨论。事实上，只有明确了中华文化传播工作的首要任务，具体工作的开展才能有的放矢，达成理想的效果。

汉语国际教育之所以会承担传播中华文化的工作，一方面是因为第二语言教育本身是相关语言背景文化传播的天然载体和最佳渠道，另一方面更因为汉语国际教育是得到国家支持的事业，国家对以孔子学院建设为代表的汉语国际教育事业寄予厚望，希望其能起到在世界各地传播中华文化、增强国家软实力的作用。换言之，汉语国际教育被赋予了为国家和民族利益服务的战略使命。①

在现有情况下，汉语国际教育中的中华文化传播如何才能更好地完成自身所承担的战略使命？这需要审视我们所面临的局面，确定有哪些困难最急需解决。众所周知，目前国际舆论环境对我国有很多不利之处，再加上意识形态对立和一些传统偏见等因素的影响，导致在国际上存在

① 汉语国际教育事业承担这样的使命是很正常的事情，无须讳言。放眼世界上与孔子学院类似的机构，如歌德学院、英国文化协会、法语联盟等，几乎都承担了类似的使命。

对我国的大量误解和不实印象，严重影响了我国的国际形象。在这样的现实条件下，汉语国际教育中的中华文化传播工作的目标显然宜低不宜高，应当以澄清、消除对中国的误解和不实印象，改善中国国家形象为首要任务。

孔子学院自开办以来在全球取得了很大的成功，但也一直伴随着国际上的各种猜忌和质疑，在这些猜疑中，“孔子学院是中国进行文化输出的工具”这样的说法最为常见。在此情况下，将中华文化传播的目标设置过高很可能会加深已有的猜忌，而低调务实的工作目标则可以消除猜忌，带来更好的效果。从第二语言学习的规律来看，改善中国的国家形象也是当务之急。对中国的负面印象无疑会减少汉语学习者的数量，影响其汉语学习热情。反之，良好的国家形象则会吸引更多的人来关注中国、学习汉语，并增加他们的学习热情。当然不可否认在某些国家和地区，中国的国家形象可能不存在问题，在那样的情况下，在工作中可以根据实际情况设置中华文化传播工作的任务。但就总体来看，还是应当以澄清、消除对中国的误解和不实印象，改善中国国家形象为中华文化传播工作的首要任务。换言之，就是客观、准确地介绍、展示和说明中国。

二、应当如何理解“中华文化传播”中的“传播”

时至今日，在国内外仍有许多同行不同意在汉语国际教育中提及中华文化传播，认为这一提法过于强势是反对者的主要理由之一。在“中华文化传播”这一提法中，给反对者带来强势感觉的主要是其中的“传播”一词。在各种汉语词典中，这个词一般仅有“广泛散布”这个义项，如果按照这个义项来理解，“中华文化传播”一词可能会给人一种较为强势的感觉。但在传播学中，“传播”则是“指人与人之间通过符号传递信息、观念、态度、感情等现象”①。传播学起源于美国，在英文中的名称是 Communication Studies 或 Communication、Mass Communication 等，传入我国后，译为传播学，因此在传播学中，“传播”一词有了不同于传统词义的新义项。

汉语国际教育中的中华文化传播，首先要做的是客观、准确地介绍、展示和说明中国。这种“传播”工作的主要内容是“传递信息”，属于传播学意义上的传播。因此，在汉语国际教育领域，对于中华文化传播工作中的“传播”应当按“传播学”中的“传播”来理解，其内涵是“传递有关中国和中华文化的信息”，而不应按传统汉语“传播”一词“传布、广泛散布”的义项来理解。我们所要做的中华文化传播，无论是在近期还是远期，都不应有强势推广的意图，而应始终以向世界传递有关中国的信息，客观、准确地介绍、展示和说明中国及中华文化为内容。这种工作无论对于中国还是世界都是非常必要和有益的。

考虑到上述中华文化传播的真实含义，在对外翻译时，一定要注意准确传达其内涵，避免因为误译而造成不良影响。比如在译成英语时，就不能译为有强势散布之意的 spread、disseminate 或 propagate 等，而应译为 communicate。

三、中华文化传播的两种层面

尽管中华文化传播不应含有强势推广的意图，但这不意味着我们不乐于出现传播对象接受中华文化的结果。传播对象接受了中华文化，无

① 《辞海》，上海辞书出版社，1989 年。

疑是中华文化传播工作最理想的效果。但这种效果并不能通过传播者单方面的努力得以实现。

就目前而言，汉语国际教育在全球范围内所做的中华文化传播工作，主要以展示中华文化的各种优秀内容为主，这种展示，在很多时候是以激发传播对象对中华文化的兴趣为目的。在中华文化传播工作中，这也确实是必须经历的一个阶段，但就文化传播的过程而言，这种传播阶段确实还属于一种比较低级的层面，可以形象地称之为“广交会[①]层面”。我们目前的中华文化传播，从总体上来看，是在对传播对象的特点及其对中华文化的兴趣点、需求度等各种情况还缺乏足够的调查与了解，对相关信息的掌握存在相当程度的不足的情况下进行的，这必然会造成在相关工作中存在一定盲目性和盲动性。我们目前大多数情况下是将自己所擅长的或自己认为优秀的文化内容展示给传播对象，但对传播对象是否会感兴趣，是否需要，是否会被刺激起进一步学习的需求等，则均不能确定，这样的传播，效率和效果都十分有限。

笔者认为，与其在缺乏科学调查与分析的基础上展开效果有限的文化传播，不如先在世界范围内进行与汉语国际教育中的中华文化传播相关的信息调查，在确定相关的信息后再开展有针对性的工作，这样既可以节约国家资源，又能提高工作效率，改善工作效果。

中华文化被传播对象接受，在世界各地生根开花，这是中华文化传播最理想的效果，是文化传播达到高级层面的结果，是我们所乐见的。但我们却不必有意去追求这种效果，因为这样的局面，不是单凭传播者

① 广交会是20世纪中期我国为开拓出口渠道和市场而从1957年开始在广州每年举办一届的外贸交易会，在对外交流渠道有限的年代，发挥了非常重要的外贸平台的作用。在改革开放前和改革开放初期，由于对外交流渠道有限，国内企业对国外市场需求信息了解十分有限，因此参加广交会时有一定的盲目性。

的努力就可以实现的。中华文化能否被接受，哪些中华文化会被接受，和我们的传播方式、中华文化自身的内容和特点、传播对象的需求都有关系，最终决定权在传播对象自己手中。近代以来中国接受西方文化的过程就说明了这一点：西方人自鸦片战争后通过各种方式向中国推广西方文化，造成了一定效果，但使得中国人迈出接受西方文化最关键步伐的，还是新文化运动及其之后中国人自己的选择和努力。

中餐馆遍及世界各地，无疑是中华文化海外传播的最佳成果之一。但是世界各地的中餐馆在口味、菜品等各方面均已有所改变，都出现了或多或少的“本土化”，这是因为中餐馆为了营业，必须适应当地顾客的饮食习惯。因此，中餐馆在世界各地的成功，是华人经营者和当地顾客共同努力的结果。

笔者希望中华文化传播在未来能达到中华文化被传播对象接受，在世界各地生根开花这样更高级的层面。但在这一过程中，作为传播者的汉语国际教育工作者，要谨守客观、准确地展示、说明中国以及中华文化的原则，避免强势推广文化的行为。只要我们坚持这种努力，不但可以让传播对象了解真实的中国，中华文化中的优秀内容也会被世人承认和接受。传播对象将按自己的需要和理解接受、改造乃至发展中华文化。到那时，在世界各地生根开花的中华文化，也可能出现和中餐馆类似的情况，那就意味着中国的文化传播者和世界各地的传播对象一起改造和发展了中华文化，而这样的情况是有益于人类的发展和进步的。那种局面，就是笔者所期望的中华文化传播所能达到的更高级的文化传播层面——“中餐馆层面”。

四、中华文化传播中的当代文化、传统文化与“讲故事”

近几年来，关于汉语国际教育中的中华文化传播，有两种观点十分引人注目：一是认为对中华传统文化介绍得太多，对当代中国文化介绍得太少；二是提倡以“讲故事”的方式传播中华文化。长期以来，汉语国际教育中的中华文化传播工作主要由文化教学来承担，以下我们就从文化教学的角度来探讨一下这两种观点。

笔者认为，第一种批评是有失偏颇的。首先，这种批评在相当程度上忽视了汉语国际教育界长期以来在介绍当代中国文化方面的努力。我们仅以教材为例。纵观 20 世纪 90 年代以来国内所出版的对外汉语教材，可以看出，不断加强对当代中国国情和文化的介绍是其中非常明显的趋势。比如《新实用汉语课本》第一册，仅在前四个单元中，就涉及了中国人的问候方式、姓名知识、初见面时的谈话方式等多种与当代中国文化相关的内容，而这四个单元还仅属于拼音学习阶段。同类的初级课本中，有关就餐、购物、邮寄、交通、住宿、打电话等各种实用话题的课文及相关训练，无不包含有相关的当代中国国情和文化信息。但是，这些有关当代中国文化和国情的信息，却非常容易被忽略，很多人甚至意识不到其中所蕴含的文化因素。其次，近代以来，西方文化作为主流文化席卷全球，当前世界各国的当代文化基本上都是建立在西方文化的基础上，差异不大，这也是前述对外汉语教材中的当代文化因素易被忽视的主要原因。而各国文化真正的差异，主要体现在传统文化中，学习者如果要深入了解一个国家或民族的特性，理解其异于其他国家和民族之处，就必须要涉及这个国家或民族的传统文化。因此，传统文化是帮助学习者克服第二语言学习中所遭遇的跨文化障碍的关键，在文化教学中作用最为重要，不可或缺。

对于以“讲故事”的方式传播中华文化，笔者是非常赞同的。不过笔者认为对于中华文化传播中的“讲故事”，不能狭义地理解为就是讲故事，而应理解为创造文化传播语境的一种模式。近代以来西方文化取得了全球范围内主流文化的地位，有着其他任何文化均无可比拟的影响，在政治、经济、文化、学术等几乎所有的领域都有着话语权的优势，因此目前在全球范围内的国际交往和跨文化交际中，不同国家和民族的话语权存在着相当大的差异。得不到公平的话语权，发展中国家就无法取得真正的文化独立，而且易于陷入自我殖民化的困境。不同国家之间话语体系不平等的问题不是一朝一夕可以解决的，需要长期的努力。在汉语国际教育工作中，“讲述中国故事”要做的就是将学习者带入中华文化固有的话语体系，使其在中华文化的话语体系中理解中华文化，以避免以西方话语体系理解中华文化而产生误解。汉语国际教育中的中华文化传播工作，包括文化教学在内，应尽量创造中国语境，在中华文化的话语体系中向学习者传播中华文化。创造中国语境不是要将中国人的观念灌输给学习者，而是要给学习者一个理解中华文化的公平语境，这样对学习者建立自己对中华文化的评价更为有利。在文化教学中营造中国语境，远不止于狭义的“讲故事”，而应在教学环境建设、教材编写、教学实践中同时进行努力。

五、文化教学的发展方向

汉语国际教育中的文化教学主要由语言技能课程中的文化因素教学和专门的文化课程教学组成。笔者长期从事专门文化课程的教学，在过去的教学实践中一直将语言障碍视为最大的困难，为解决语言障碍，笔者曾采取了尽可能选用双语教材、尽量以视听材料辅助教学等手段，都未能完全解决问题。2010 年至 2011 年，我们在南开大学汉语言文化学院的本科生和进修生中进行了一系列有关文化课程教学的问卷调查，统计出的一些结果很令人意外。在关于文化课教学效果的调查中，更多的被调查者认为“语言课中的文化教学比文化课教学对我的帮助更大”。根据调查结果，还可以确定：①语言障碍确实严重影响了文化课的教学效果。②在文化教学中，学生倾向于使用汉语学习中华文化。这看似自相矛盾的两种调查结果如果以建构主义学习理论进行分析，就能得到较为合理的解释：根据建构主义学习理论的观点，学习是学习者主动建构知识的过程，学习者以原有知识经验为基础对新知识和信息进行理解和建构。包括笔者在内，在专门的文化课教学中，教师因为教学的主要目的在于向学生传授中华文化知识，对于所使用的教学媒介语汉语，往往主要关注如何解决其理解障碍，使学生在克服语言障碍上花费最少的时间和精力，但这样做恰恰影响了学生自我建构知识的过程，更多地给了学生灌输的感觉；而学生在语言学习中所学习到的文化因素，有一个从语言理解障碍、文化因素发现、文化因素理解到语言理解和掌握的完整过程，学生获取文化知识的过程相对更加主动，因此学生的满意度更高。在中国国内，教师、教材、语言环境等方面的条件都更有利于用汉语进行文化教学，以汉语学习中华文化，确有其优势，以汉语进行文化课程的教学未来仍应成为主流的教学模式。但在以汉语进行专门文化课教学时，不应再视汉语为语言障碍，而应将其作为学生自我建构中华文化知识过程中的助力因素加以利用，建立文化语言教学一体化的教学模式。

语言技能课中的文化因素教学自 20 世纪以来在业内得到了很大的重视，取得了更为丰硕的研究成果，并突出地表现在教材编写和教学理念的相关进步上，在教学实践中，也受到了学生的肯定和欢迎。未来在语言技能课教学中，仍应继续坚持融入文化因素教学，并不断改进其方式和效果。这样，未来汉语国际教育中的文化教学，在专门的文化课程教学和语言技能课教学中，应分别向文化语言教学一体化和语言文化教学一体化的两个方向发展。

（本文收入北京师范大学汉语国际推广新师资培养基地、北京师范大学汉语文化学院：《国际汉语教育人才培养论丛（第五辑）》，中国社会科学出版社，2016 年，收入本书时略有改动）

参考文献：

[1]安乐哲.和而不同：中西哲学的会通[M].北京：北京大学出版社，2009.

[2]辞海[M].上海：上海辞书出版社，1989.

[3]中国社会科学院语言研究所词典编辑室.现代汉语词典[M].6 版.北京：商务印书馆，2012.

[4]白宏钟，钟琳.汉语国际教育文化课教学调查与分析[J].河北广播电视大学学报，2013(1).

关于文化课程教学的几点思考

一、文化课程的定位

文化教学是汉语国际教育中中华文化传播的主要形式之一，文化教学的主要形式则是文化课程的教学。但在讨论“文化课程”的课程定位之前，有必要先来澄清一下文化课程的概念，因为即使在今天，笔者在这里所谈的文化课程，在对外汉语教学界的文化教学研究中，仍经常被完全忽略。本文所说的文化课程，指的是在对外汉语教学/汉语国际教育中针对各类留学生开设的以介绍和传授中国文化知识为目的的课程，如“中国简史”“中国旅游地理”“中国概况”“中国文学史”“中国文化专题”“中国风俗”等。20 世纪 80 年代以来，国内对外汉语教学界出版过一些以对中国文化知识、国情、社会生活等方面的介绍为内容的汉语教材①，这类教材，虽然冠以“文化阅读教程”一类的书名，但实际上还是语言技能教材。② 使用这样的教材进行教学的课程，实际上还是语言技能课，不属于本文所说的文化课程。

20 世纪八九十年代对外汉语教学界有关文化的各种研究和讨论，主

---

① 例如，王海龙：《文化中国——中国文化阅读教程Ⅰ》，北京大学出版社，2002 年；王海龙：《解读中国——中国文化阅读教程Ⅱ》，北京大学出版社，2002 年。

② 当然，由于教学的实际需要，这样的教材有其存在的必要：在某些教学部门，特别是海外的一些教学部门，汉语教学课时少，没有单独开设中国文化课程的可能，学生又同时有学习汉语和了解中国及中国文化的需要，在这种情况下，选择使用这类教材就是比较好的办法。

要是针对语言教学而展开的，“交际文化”理论是针对语言教学而提出的，其他关于文化定义、文化分类、文化定位、文化因素、文化大纲、文化导入、文化教学等的讨论，也都是在语言教学的视野和思路内展开的。事实上，随着语言教学与文化教学存在相互促进关系共识的得出，各对外汉语教学部门早就纷纷在教学中开设了专门的文化类课程，其在课程体系中所占的比重也逐渐上升。由于以文化知识的传授为教学目的，这类课程文化传播功能明确、作用突出，是文化教学的主要形式。但在很长的一段时间内，文化课程教学几乎被研究者们完全忽略。直到2004年，张英才从概念上明确地区分了语言技能课中的文化因素教学和专门的文化课程教学，将两者分别定义为“对外汉语教学中的文化教学”与“对外汉语文化教学”，指出“前者指的是在汉语作为第二语言教学中语言教学所包含的文化因素，二者是一种包容关系；后者指的是汉语作为第二语言的教学，还包含了与语言相次第的文化教学，二者是一种主次关系”。这是对外汉语教学界第一次有人从概念上明确地区分了两种文化教学，但张英却同时也明确地将专门的文化教学即“对外汉语文化教学”与语言教学的关系界定为“主次关系”，认为对外汉语文化教学是“辅助语言教学”的。①

在第二语言教学中，语言与文化教学能起到相互促进的作用，这是对外汉语教学界在20世纪形成的共识，但在过去的三十年的教学实践中，文化教学被过多地强调发挥配合语言技能课教学的作用，长期被置于从属地位使得文化课程的课程定位、教学目标、教学内容、教学法、考核方式等都受到很大程度的影响。其自身的性质、目的和特点都没有

① 张英:《对外汉语文化教材研究——兼论对外汉语文化教学等级大纲建设》,《汉语学习》2004年第1期。

得到应有的重视。许多同行在设计文化类课程的教学时，首先考虑的是如何使文化类的课程更好地为第二语言教学服务。但从第二语言教学自身的规律及文化与语言的相互关系来看，这是不合理的。①

与目的语文化进行跨文化交际是第二语言教学最终的目的，第二语言教学本身是达成跨文化交际目标的工具。考虑到跨文化交际与第二语言教学之间的这种目的与工具的关系，将如何使文化课教学服务于第二语言教学作为文化课程定位的首要考虑因素是本末倒置的。

从文化与语言的相互关系来看，文化课程对语言教学的配合，主要应从具体设置哪些文化课程方面考虑，具体到每一门文化课程本身，由于文化是语言的上位概念，所以根据语言教学的需要来设计每门文化课程的目标、形式、内容、方法等是不合理的，应当根据文化学习的自身特点来设计课程各个方面。

总之，文化课程不能被定位于服务于第二语言教学，而是应保持独立性，要根据文化学习自身的特点设计课程的教学目标、教学内容、教学方法和考核方式。具体来说，文化课教学最重要的目标不是要提升学习者的汉语言技能，而是要使学习者增进对中华文化的了解。其最终目的是促使学习者建立对中华文化的包容、承认、理解、欣赏等正面态度，帮助其更好地与中国人或有中华文化背景的个体进行跨文化交际。

二、文化课程教学中的语言障碍及语言因素的比例

许多同行在进行文化课程教材编写和教学时，按照以文化课程配合语言教学以及语言与文化相结合的思路，加入了许多语言技能训练的内

① 由于第二语言教学的跨文化交际目的以及语言与文化的关系，语言技能教学及语言教材中体现语言与文化结合的特点确实是合理且必要的。

容。但按照我们上面所提出的中华文化传播思路下的文化课程的定位和设计思路，在文化课的教学中，语言技能训练不但不能被设置为并列目标，也不能被设置为次要的目标。因为在各门文化课程的教学中，由于课时的限制，许多重要的文化内容都不得不被放弃，在这种情况下，再加入语言教学的内容，文化课将很难完成预定的文化学习目标。笔者的教学经验也证明了这一点。

但不容否认的是，语言障碍确实是制约文化课教学的重要因素。2011 年 11 至 12 月，笔者所带领的课题组在南开大学汉语言文化学院的留学生中进行了一系列关于文化教学的调查，受访对象涵盖了本科、研究生以及语言进修生等三个类别的不同年级、不同层级的外国留学生，目前我们还未能完成对调查结果的详细统计和分析。但从初步的统计情况来看，有超过 80％的受访者在对自己学习汉语原因的描述中明确提到了想了解中国及中华文化、和中国人沟通、找工作方面的动机。这表明中华文化的吸引及与中国人进行交际的愿望是绝大多数受访者学习汉语的主要动机。但在回答“汉语技能课与专门的文化课哪个对学习和了解中华文化更有帮助”的问题时，却有一半以上的受访者选择了汉语技能课，并且越是层级低、汉语水平低的受访者，选择汉语技能课对学习和了解中华文化更有帮助者的比例就越高；而随着受访者层级和汉语水平的增高，选择专门的文化课对学习和了解中华文化更有帮助者的比例也随之增加。来自 2008 级汉语言专业留本（毕业班）的受访者选择专门文化课对学习和了解中华文化更有帮助者更是几乎达到 100％的比例。这种结果说明：第一，对于留学生来说，语言障碍是他们学习和了解中华文化的主要障碍。第二，现有的文化课教学未能解决语言障碍问题，不能令留学生满意。

语言障碍是制约汉语国际教育中中华文化传播的主要瓶颈之一，这一制约对于文化课程尤为突出。对此，笔者认为可以采用以下一些对策。

第一，规定文化课开课的语言水平前提。这种办法既适用于在国内汉语言专业的本科留学生或进修留学生，也适用于国外大学汉语专业的学生。比如，国内各院校的对外汉语教学部门一般都规定本科留学生的“中国概况”“中国简史”“中国文学”等课程应在一年级或二年级以后才开设。这样的规定，保证了学生在学习文化类课程之前，至少已经有了中级以上的汉语水平，再配合专用教材，可以基本上解决文化课教学的语言障碍问题。

第二，使用国别教材，同时教师用学生母语授课。这种办法适用于在海外所进行的教学活动。采用这种方式，可以使文化课的开课摆脱语言障碍，可以面向无任何汉语基础的学习者开设。但是使用这种方法需要配备两种前提条件：教师具备以学习者母语授课的语言水平；有可用的国别文化教材。

第三，使用汉外对照的国别教材，教师以汉语授课。这种办法适用于在国内外对已具备一定汉语基础的学习者所进行的文化课教学，其好处是对学习者的汉语水平要求（比起上述第一种办法来）可放低，同时不再像上述第二种方法那样有对教师的外语能力要求。教师按教材的汉字文本讲授，学习者可一边听教师讲授，一边参考母语文字文本，听读结合，即使语言能力不足以完全听懂教师的讲授，仍能完成课程学习任务。同时，学习者在课下对照两种语言文本进行复习的过程中，也能起到提高语言能力，特别是提高相关专业词汇量的学习效果。

至于文化课教学中的语言因素，笔者以为：学习者通过文化课的学习，也许确实（不是一定）会达到同时提高了语言能力的效果，但这主要将由学习者在学习的过程中自主获得，并且这种效果可能将在很大程度上通过课外学习而获得。在教学的设计中，则不必将同时达成提高相关语言能力效果作为考虑因素。但笔者并非完全反对在文化课教学中安排语言因素，笔者认为：文化课教学中的语言因素，应在为完成课程教学任务需要时及时引入，但引入时要注意引入的“度”，即只要帮助学生解决了语言理解上的障碍即可，绝不可就此无限展开，否则就会喧宾夺主，影响课程核心教学任务的完成。并且，这种引入，笔者建议仍应通过设置学习者的语言水平前提和选择适当教材提前解决语言障碍而尽量予以避免。①

三、文化课教材建设

要提高文化教学的质量，目前主要还是应从教材、教学法、教师三方面入手，但以教材为最急迫。前面所说的三种解决文化课教学语言障碍的对策都涉及了教材的问题。文化课教学自然以使用专门为留学生编写的教材为宜，但目前专为留学生编写的文化课教材尚不能满足对外汉语文化课教学的全部课程需要，在许多领域仍留有空白。同时，对外汉语文化课教学的发展，早已对教材建设提出了更高的要求。

从目前的情况来看，双语化、国别化、活页化是文化课教材的发展趋势。如前所述，教材双语化和国别化是解决对外汉语文化课教学中语言障碍的重要手段，既国别化又双语化的教材尤其能最大限度帮助教师

① 实际上，语言教学中所涉及的文化因素教学也应以依托教材改进教学效果为重要思路。过去对汉语教学中文化因素教学的研究很多，一般的结论均以提高汉语教师的文化素质为主要解决方案，但笔者认为单靠提高汉语教师的文化素质并不能解决问题，在教材中通过以学生母语或汉语与学生母语双语对照的注释、课后文化知识介绍短文等，将语言教学中涉及的文化因素加以解释、说明，其效果比依靠教师个人课上用汉语或外语讲解，无论准确性还是有效性都要好得多，也节省时间。在这方面，《新实用汉语课本》就是很好的范例。

摆脱语言障碍的限制。因此编写国别化和双语化，特别是既国别化又双语化的教材应作为未来对外汉语文化课教材建设的主要思路①。教材活页化则是解决“中国概况”“报刊选读”② 等课程教材难题的重要思路。这类课程的教学内容与当代中国发展现实密切相关，许多内容随着时间的更新而不断更新，固定教材编写出来不久就会在许多知识、事实和数据方面出现落伍的情况，影响教学效果。在这种情况下，必须考虑教材活页化的思路。活页化可以是整本教材活页化，这种方法适用于教学内容求新要求非常高的课程，如“报刊选读”；也可以是教材内容中部分活页化，这种方法适用于部分内容随时间变化而更新较大，其他内容则较为固定的课程，如“中国概况”课，其中政治、人口政策、民族、文学艺术等方面的内容受时间变化影响小，而经济，特别是当代经济发展的一些具体事实和数据、当代科技成果等内容则需随时间变化不断更新。活页化教材或教材的活页部分，可以由编者完成，也可以将编写任务部分或全部交给使用者。在两种情况下，教材的编写者均应当说明活页部分的编写体例、原则、材料选取标准、资料来源等，以利于使用者既能根据自己的需要完成活页教材的编写和更新，同时又保证教材思路和体例的一致性、连贯性。

“三教”问题，即教师、教材和教学法问题，一直是提升汉语国际教

① 双语化和国别化也应作为语言技能课程教材编写的主要思路。以前笔者个人，包括笔者所观摩到的许多国内同行的示范课录像，在词语讲解环节，都把许多时间花在词义的解释上。为向学生解释清楚词义，大家采用了肢体表现法、解说法、画图法等诸多手段，但效果均不能完全令人满意。与此形成鲜明对比的是，许多学生通过用电子词典或纸质词典提前预习或在课上自学，就很好地完成了词义的学习。因此，笔者认为，即使是在语言技能类课程中，也要考虑通过编写双语化和国别化的教材来解决语言制约问题。《新实用汉语课本》和《当代中文》等教材所进行的双语化、国别化建设，即是这方面很好的范例。

② “报刊选读”课程在大部分院校被归类为语言技能课，但笔者根据个人的教学经验认为，这门课程如设计为文化课，效果也会很好，能很好地帮助学生了解当代中国社会。

育事业发展水平的关键，而教材问题又是其中的核心。随着文化教学的迅速发展，文化教材在数量上特别是在专业和种类上的供应缺口在逐渐增大，仅靠本行业内部新编教材已难以迅速弥合这一缺口，在这种情况下，可以考虑通过改编现有文化教材的方式来解决问题。国家汉办2006年以来出版的汉语与多语种对照的《中国地理常识》《中国历史常识》《中国文化常识》三种出版物，即是通过改编已有教材而进行对外汉语文化教材建设的一次成功尝试。这三种读物原来均为国家侨办针对海外华侨所编写的华文教学辅助读物，国家汉办取得侨办授权后，对三部书的内容进行了改编，重新出版了汉语与英语、德语、法语、泰语、日语、韩语、俄语、西班牙语、阿拉伯语的对照版本。书中有丰富的地图和图片配合文字内容，直观生动，内容充实，语言通俗易懂，充分考虑了海外学习者的需要和特点，相较于过去国内所出版的其他一些对外汉语教学专用文化教材，更适合作为对外汉语文化课教学的教材使用。笔者在为本院汉语言专业留学本科生所开设的“中国简史”和“中国文化专题”课中分别使用《中国历史常识》和《中国文化常识》作为教材，均收到了很好的效果，学生对教材的评价非常好，特别是对于有九种外语对照版本可以选择感到很满意。

上述三种教材，是国家汉办与国家侨办合作的产物，体现了在新形势下汉语国际教育事业整合更多部门的可用资源而不拘泥于部门、行业内部的新视野。(同时也体现了对外汉语文化课教材既双语化又国别化的新编写思路。)笔者以为，纳入改编视野的教材范围还可以更广泛一些，不但文化部和国家侨办等其他部门已开发的供域外读者使用的文化出版物可以纳入改编的视野，还可以在国内已有的为中国学生编写的文化教材中选择优秀的教材，由本行业的专家按对外汉语文化教学的需要进行改编，然后聘请多语种的外语人才进行外文对译，这样就能够在较短的时间内提供更多的国别化、双语化专业对外汉语文化教材，更加迅速有效地解决文化教材的供应缺口问题。

在汉语国际推广被纳入国家发展战略的大前提下，汉语国际教育事业面临着前所未有的机遇和挑战，新的形势要求我们不但在专业内部要加强协作，同其他专业、部门之间也必须加强合作。在教材编写方面，尤其需要如此：要编写高水平的教材，往往非一位教师甚至是一个教学单位所能完成，需要多个专业（如美术、小语种外语等）、多个部门的人员协作完成。这就需要行业领导部门更多地从全局上加以规划、引导、协调、整合。高水平的教材是国家文化软实力的重要体现，可以很好地提升国家形象。从这个层面来看，在教材编写方面加大投入力度也是非常必要的。

对于教师个人来说，一方面固然要积极参与教材的编写工作，但更重要的是要掌握现有的教材资源情况，根据教学需要合理地选择教材。汉语国际推广受到国家的支持，对外汉语教师不是孤军奋战，已有的教材资源是行业领导部门和其他同行为我们提供的重要教学资源支持。掌握并合理地利用已有的教材资源，是每位对外汉语教师应当具备的能力。

四、任务型教学法

笔者在南开大学承担了留学研究生、本科生的“当代中国专题”“中华文化专题”“中国概况”“中国简史”等文化课的教学任务，近三年来在这些课程的教学中，笔者一直在尝试采用一种“任务型教学法”。主要方式是：在教学过程中，就一些内容拟定题目，规定为任务，以作业的形式提前一定时间分配给学生，让学生在课下完成，并让学生在课堂上以课件的形式展示并讲解。分配给学生的作业内容可以是书上已有但内容较旧的，如“中国概况”课中经济发展的一些具体情况和数据，在这种情况下，学生所完成的作业就能起到活页教材的作用；也可以是教材内容的延展或补充，如“中国概况”课的《中国科技》一章中，对于当代中国科技的具体成果谈得不多，可以将其作为作业分配给全部或部分学生，让他们自己通过上网等方式查找当代中国科技新成果，这样学生的作业就可以起到延展和补充教材内容的作用。再如“中国简史”课，笔者选用《中国历史常识》作为教材，该书对于历史事件的叙述都比较简单，学生有时还想了解得更详细一些，笔者就将他们感兴趣并想深入了解的内容作为题目分配给他们，让他们课下完成后下次上课时来给大家讲，这也起到了延展和补充教材内容的作用。总的来说，所分配给学生的作业任务应紧密配合教学需要，还要具备可行性，同时要注意要求学生在作业中多使用音视频材料，以利于教学更加直观、生动。

一般来说，大多数学生都乐于积极主动地完成所分配给他们的作业，但是为了使学生按时完成教师所分配的作业并重视作业的质量，笔者在课程开始之初就会规定每个学生在学期之内需要完成的作业数量，并将这种作业规定为评定学生平时成绩的主要依据；还规定学生必须在教师指定的时间内完成作业并在课堂上展示，这样做是为了确保教学进程安排的稳定性，如果学生不按指定时间进行课堂作业展示和讲解，就会破坏已有的教学安排。当然，还要规定学生每次作业展示的用时，如果不提前规定好，学生展示用时太短或太长，都会对教师的课堂时间分配和教学安排造成影响。笔者对学生作业展示的用时规定视具体作业而定，但最长不超过 10 分钟，大部分情况下控制在 5 分钟以内。每次安排学生进行作业展示时，笔者一般会安排至少三位同学进行展示，每位同学展示之后，还会留出一点儿时间给其他同学提问、发表意见和讨论。有时，因为课程教学特别需要讨论环节，会安排整个一堂课甚至更多的时间给学生进行作业展示和讨论，但一般不会安排整次课（两节课）的时间给学生展示和讨论，因为每次展示和讨论之后，教师必须做一次整体的评价与总结才能收到最好的效果。

在留学生汉语国际教育硕士的文化课教学中，由于课堂讨论的比重比本科课程更大，任务教学法采用得更多，其在课程教学中的地位也更为重要。

在文化课教学中采用这种任务教学法，在过去受到学生的语言水平和资料掌握能力不足等条件的限制，但近些年来，网络资源的丰富和利用网络查找资料的简便易行使得学生完全有能力课下自己通过利用网络查找资料完成作业；同时，各教学单位普遍在教室中安装有计算机、音响、网络、投影仪等设备，又使学生以 PPT（演示文稿）等形式播放展示作业变得简便易行。

当然，作业的完成形式，根据课程和作业题目的不同，也可以是调查报告、人物访谈等形式，但考虑到可行性和效率等因素，作业展示时还是以 PPT 等形式展示为最好。教师在设置、分配题目时可以通过设置作业要求，不但规定作业的完成形式，并且引导学生有意识地采用文化比较法、人类学调查法等方法来完成作业，而不必只局限于通过在网上查找资料来完成作业。

目前，笔者对任务型教学法的使用仍处于初步的摸索阶段，但就过去三年尝试的效果来看，对这种教学法在文化课教学中的前途持乐观态度：自从笔者在文化课教学中采用了任务型教学法后，从学生处得到的反馈评价一直比较好。这种教学法的使用带来了许多好处：学生得到了参与教学的机会，因此学习的态度更为积极主动；学生的作业成了开展课堂讨论的平台，课堂气氛变得更加活跃；学生在作业中较多地使用音视频材料，一定程度上增加了教学的直观性、生动性。在文化课教学中采用这种任务教学法，教师通过作业（任务）的精心设置和分配，仍然可以很好地主导课程的教学，而学生通过作业（任务）的完成与展示参与到教学中来，在此过程中，以教师为主导、以学生为中心的教学原则得到很好的贯彻。

除了任务型教学法外，文化课教学的有效方法还有很多种。教学法的欠缺是目前制约文化教学水平提升的另一主要障碍。文化课教学法的研究应当如汉语技能课教学法的研究一样得到重视。希望以上浅陋个人经验的介绍能起到抛砖引玉的作用。

五、结语

以上从几个方面阐述了笔者个人关于文化课程教学的一些思考。总的来说，中华文化传播是汉语国际教育必须要做的工作，应当被确定为汉语国际教育的主要目标和任务。汉语国际教育中包括文化教学在内的所有与文化传播相关的活动，均应由中华文化传播这一概念来统领，在中华文化传播思路之下进行。文化课程的定位，当然也应当摆脱语言教学思路的束缚，纳入传播中华文化的思路之下。对于文化课程建设来说，正确的课程设计理念、教材资源的支持、好的教学方法的采用以及教师的个人素质和能力缺一不可。作为教学的具体执行者，教师应从整体上把握好以上各个因素，并将其有机地结合，才能达成最好的教学效果。

（未刊稿）

参考文献：

[1]许嘉璐，石锓.关于汉语国际教育热点问题的访谈[J].湖北大学学

报,2011(4).

[2]许琳.汉语国际推广的形势和任务[J].世界汉语教学,2007(2).

[3]张英.对外汉语文化教材研究:兼论对外汉语文化教学等级大纲建设[J].汉语学习,2004(1).

[4]李泉.文化内容呈现方式与呈现心态[J].世界汉语教学,2011(3).

[5]祖晓梅,陆平舟.中国文化课的改革与建设:以《中国概况》为例[J].世界汉语教学,2006(3).

浅析“缘”与“缘分”的文化意义

汉语是世界上最古老的语言之一，在其漫长的发展过程中，凝聚了丰富的文化意义。这些文化意义，也大量地汇聚在汉语的词义之中。我们在对外汉语教学的词汇教学中，常常会遇到一些具有本民族独特文化意义的词，如果能够准确地揭示这些词语的文化意义，就可以帮助留学生克服跨语际文化障碍，正确、有效地理解和掌握词语。这对于我们的教学是非常有益的。

但是，“词语的文化意义在一般辞书中是查不到的，挖掘和阐释词语的文化意义是词汇跨学科领域研究的重要课题”[①]。这就要求我们对外汉语教学工作者在自己的词汇教学中，要有意识地做一些挖掘和阐释词语的文化意义的工作。本文拟分析笔者在教学中遇到的，学生理解掌握时出现问题较多的“缘”与“缘分”这一对词的文化意义。

对于“缘”字，《现代汉语词典》是这样解释的：

> 缘　①缘故：缘由｜无缘无故。②因为；为了：缘何到此？③缘分：人缘｜姻缘｜有缘｜不解之缘。④沿着；顺着：缘溪而行。⑤边：边缘。[②]

① 谢文庆:《试论汉语词汇的文化意义》,载于天津市对外汉语教学研究会:《天津市对外汉语教学论文集(1994)》,天津人民出版社,1995 年,第 222 页。

② 中国社会科学院语言研究所词典编辑室:《现代汉语词典》(修订本),商务印书馆,1996 年,第 1552 页。

《辞海》的解释是：

缘 （一）（yuán）①边。如：边缘。②循；沿；绕。《荀子·正名》："缘目而知形可也。"陶潜《桃花源记》："缘溪行，忘路之远近。"《荀子·议兵》："缘之以方城。"③攀援。如：缘木求鱼。参见"攀缘"。④缘分；机缘。如：一面之缘。杜甫《清明》诗："绣羽衔花他自得，红颜骑竹我无缘。"⑤佛教指事物生起或坏灭的辅助条件。详"因缘③"。亦即为因缘的省称。如：结缘；化缘。⑥原故。如：无缘无故。⑦为了；因为。杜甫《客至》诗："花径不曾缘客扫，蓬门今始为君开。"苏轼《题西林壁》诗："不识庐山真面目，只缘身在此山中。"

（二）（yuàn 院）衣服边上的镶绲。《礼记·玉藻》："缘广寸半。"郑玄注："饰边也。"①

《辞源》的解释与《辞海》类似：

缘 1. yuán 与专切，平，仙韵，喻。

ㄩㄢˊ

（一）衣边。《礼·玉藻》："缘广寸半。"《后汉书》十上《明德马皇后纪》："常衣大练，裙不加缘。"（二）围绕，沿着。《荀子·议兵》："限之以邓林，缘之以方城。"晋陶潜《陶渊明集》五《桃花源记》："缘溪行，忘路之远近。"（三）攀缘。《孟子·梁惠王》上：

① 《辞海》，上海辞书出版社，1989年，第3107页。

“以若所为，求若所欲，犹缘木而求鱼也。”（四）凭藉。《荀子·正名》：“则缘耳而知声可也，缘目而知形可也。”（五）因缘，缘分。《文选》宋谢灵运《还旧园作见颜范二中书》：“长与欢爱别，永绝平生缘。”《玉台新咏》一《古诗为焦仲卿妻作》：“下官奉使命，言谈大有缘。”参见“因缘”（二）。（六）因为。唐杜甫《杜工部诗史补遗》一《客至》：“花径不曾缘客扫，蓬门今始为君开。”白居易《长庆集》十九《寄王秘书》诗：“怪来秋思苦，缘咏秘书诗。”

2.tuàn

ㄊㄨㄢˋ

（七）同“褖”。《周礼·天官·内司服》：“掌王后之六服：……缘衣。”见“褖衣（一）”。①

综览上面三种辞书的解释，可以看出，“缘”字的文化意义主要集中在它的“缘分”这个义项上。也就是《现代汉语词典》的释义③，《辞海》的释义④和《辞源》的释义（五）。《辞海》在对“缘”的解释中，将“缘分；机缘”和“因缘”分列为④、⑤两个义项，而《辞源》则将“因缘”和“缘分”合在（五）这一个义项之中。

“缘分”这个词，是我们中国人经常用的，它的文化意义，中国人都能理解。但是，解释给外国人，就很少有人能够讲得很清楚。《汉英词典》对“缘分”的解释是：

缘分　lot or luck by which people are brought together：咱俩又在

① 《辞源》(修订本)，商务印书馆，1981年，2455页。

一起了，真是有缘分。So we're together again. It must be fate. /烟、酒跟我没有缘分。Smoking and drinking don't appeal to me.①

如此简单的解释显然未能涉及这个词的文化意义，不足以解留学生之迷惑。

那么，“缘分”这个词的文化意义是什么呢？让我们先来看一下各辞书对于“缘分”这个词的解释。

《现代汉语词典》的解释是：

> 缘分　迷信的人认为人与人之间由命中注定的遇合的机会；泛指人与人或人与事物之间发生联系的可能性：咱们俩又在一起了，真是有缘分｜烟、酒跟我没有缘分。②

《辞源》的解释是：

> 缘分　因缘定分，命中注定的机遇。宋吕南公《灌园集》五《奉答顾言见寄新句二首》诗：“更使襟灵憎市井，足知缘分在云山。”《北词广正谱》元张子益《大石调·鹧鸪天》：“不念春归离恨牵，自叹今生缘分浅。”③

《辞海》的解释是：

① 北京外国语大学英语系《汉英词典》组：《汉英词典》(修订版)，外语教学与研究出版社，1995年，第1262页。

② 《现代汉语词典》(第5版)，商务印书馆，2005年，第1678页。

③ 《辞源》(修订本)，商务印书馆，1981年，第2455页。

缘分　因缘；机缘。沈周《咏帘》诗："知无缘分难轻入，敢与杨花燕子争!"①

《辞海》在这里将"缘分"解释成"因缘；机缘"，说明在前面我们所举的《辞海》对"缘"字的释义，"缘分；机缘"之意的第④项，与"因缘"之意的第⑤项，其实也是可以合并为一项的。这样，在"缘分"这一义项的界定上，《辞海》和《辞源》其实是没有什么不同的。

《辞海》和《辞源》都将"缘分"解释为"因缘"，那么我们就再来看看"因缘"是什么意思。《辞海》对"因缘"的解释是：

因缘　①犹机缘。《史记·田叔列传》："少孤，贫困，为人将车至长安，留求事为小吏，未有因缘也。"②依靠；凭借。《后汉书·马皇后纪》："冀因缘先姑，当充后宫。"③"因"和"缘"的合称。佛教泛指一切事物生灭所依赖的原因和条件。其中"因"指起主要作用的条件，"缘"指起辅助作用的条件。《俱舍论》卷六："因缘合，诸法即生。"②

《辞源》的解释是：

因缘　(一) 机会。《史记》一〇四《田叔传》褚先生《补》："(任安) 少孤，贫困，为人将车之长安，留，求事为小吏，未有因

① 《辞海》，上海辞书出版社，1989年，第3107页。
② 《辞海》，上海辞书出版社，1989年，第1991页。

缘也。”（二）依据。《汉书》七七《郑崇传》：“上欲封祖母傅太后从弟商，崇谏曰：‘孔乡侯，皇后父；高武侯，以三公封，尚有因缘。今无故复欲封商，坏乱制度，逆天人心。’”（三）佛教语。梵语尼陀那。指产生结果的直接原因及促成这种结果的条件。《四十二章经》十三：“沙门问佛，以何因缘，得知宿命，会其至道。”《翻译名义集》四《释十二支》：“尼陀那，此云因缘。（鸠摩罗）什曰：‘力强为因，力弱为缘。’（僧）肇曰：‘前缘相生，因也；现相助成，缘也。’”后来在诗文中泛指原因、缘故。唐白居易《长庆集》三《新丰折臂翁》诗：“问翁臂折来几年，兼问致折何因缘。”①

比较《辞海》与《辞源》两者对“因缘”的解释可以看出，两者各自所列的三个义项中唯一的区别在于第一个义项。《辞源》解释中的第一个义项是“机会”，而《辞海》解释中的第一个义项是“机缘”。“机缘”这个词，在《辞源》中没有解释，在《辞海》中的解释是：

机缘　佛教名词。“机”指受教者的根机，“缘”指施教者的因缘。佛教认为根机与因缘凑合，方成教化，故名。后泛指机会和缘分。

但是在《辞海》对“因缘”的解释中，“①犹机缘”这一义项中所举的释例是取自《史记》的。在司马迁写作《史记》的时代，佛教尚未传入中国，佛经的汉译也未开始，不可能有汉语佛教用语的流传与使用。

① 《辞源》(修订本)，商务印书馆，1979 年，第 0568 页。

因此，这一句中的“因缘”，应是“机会”的意思。也就是说，《辞海》解释中的这一义项中的“机缘”，其实就是“机会”的意思。这样，《辞海》和《辞源》对于“因缘”一词的解释中各自所列的三个义项其实是完全相同的。在这些义项中，我们可以看出，二者各自的第一个义项，即“机会”与“机缘”，及各自的第二个义项即“依靠；凭借”和“依据”，和我们今日所知道的“缘分”的意思都不相同。我们今日所用的“缘分”一词的词义，应当是来自二者各自的解释中的第三个义项，是从佛教用语及教义中引申、扩展、流传沿用而来的。为了证实这一点，下面我们从词义的本源上来做一些分析。

上面我们所举的三种辞书，《辞源》和《现代汉语词典》对“缘分”的解释比较详细，它们的解释都取“命中注定的机遇”这一意。那么，在“缘”“缘分”“因缘”“机缘”等词的原始词义中，有没有这方面的意思呢？下面我们在《尔雅》和《说文解字》中来查找一下。

“缘”字在《尔雅》中出现在两处。一处是在6·11：“缘谓之纯。”① 这里的“纯”字应该读为“zhun”（三声），是“边缘，镶边”的意思。如《礼记·曲礼上》：“为人子者，父母存，冠衣不纯素。”② 因此这里的“缘”字，是“边缘”“衣帽的镶边”的意思。另一处是在6·36：“弓有缘者谓之弓，无缘者谓之弭。”③ “缘”在这里指“弓的两端用丝绳缠绕”④。

《尔雅》中查不到“因缘”“机缘”和“缘分”这三个词，但是有

---

① 《尔雅今注》，徐朝华注，南开大学出版社，1987年，第181页。
② 《尔雅今注》，徐朝华注，南开大学出版社，1987年，第181页。
③ 《尔雅今注》，徐朝华注，南开大学出版社，1987年，第189页。
④ 《尔雅今注》，徐朝华注，南开大学出版社，1987年，第189页。

“分”字。“分”字在《尔雅》中也出现在两处。一处在2·123：“局，分也。”[①] 这里的“局”，是“部分”的意思。另一处在6·7：“律谓之分”[②]。这一条历来有歧解，主要有两种说法：一说“律”是律管，律管可以分气，所以“律”可以称“分”。一说“律”通“率”，是捕鸟网；“分”通“纷”。[③]

总之，无论是“缘”还是“分”，在《尔雅》中均没有今天我们所知道的“缘分”的意思。

《尔雅》是我国第一部分类词典，成书于战国至西汉年间。它的解释，基本上反映了词语的原始的词义。

再来查一下《说文解字》。《说文解字》中对“缘”的解释是：

> “衣纯也。”[④]

对比《说文解字》与《尔雅》对“缘”的解释，可以看出“边缘”“衣边”之意是“缘”的初始词义。

《说文解字》中对“分”的解释是：

> “别也。”[⑤]

对“因”的解释是：

---

① 《尔雅今注》，徐朝华注，南开大学出版社，1987年，第103页。
② 《尔雅今注》，徐朝华注，南开大学出版社，1987年，第180页。
③ 《尔雅今注》，徐朝华注，南开大学出版社，1987年，第180页。
④ 《说文解字注》，汉许慎撰，清段玉裁注，第654页。
⑤ 《说文解字注》，汉许慎撰，清段玉裁注，第48页。

“就也。”①

对“机”的解释是：

“主发谓之机。”②

上面各字在《说文解字》中也均不具有今日我们所知的“缘分”“因缘”“机缘”之意。

“缘”“分”“机”“因”等的原始词义中都不具有今日的“缘分”之意，因此，今日我们所用的“缘分”一义，以及与之近似的“因缘”“机缘”等义，肯定都是后来发展出的引申义。我们无法确定这些引申义具体都产生在什么时间，但是可以肯定的是：今日我们所熟知和经常使用的“缘分”的“命中注定的机遇”一义，应当是在佛教流传至中国之后，受佛教用语和佛教教义的影响而产生的。

佛教在汉代传入我国，佛经的汉译也是开始于汉代（东汉）。汉代佛教，由于处于传入初期，译出的经典还为数很少。但是，作为佛教最基本的教义之一的“十二因缘”说的内容，却是在汉代翻译成汉语的佛经中就已经很丰富完整了。

“十二因缘”，亦称“十二缘起支”，汉代译作“十二种”，是佛教最基本的一种教义，它可以说是佛教的人生观。

在佛教专有名词、术语的翻译上，汉代的译法较之以后（特别是鸠

① 《说文解字注》，汉许慎撰，清段玉裁注，第287页。

② 《说文解字注》，汉许慎撰，清段玉裁注，第262页。

摩罗什之后）的翻译晦涩、欠通，因此后来有许多都被后人的新译所取代。“十二因缘”在汉代的初始译法是“十二种”，具体何时改译为“十二因缘”，笔者现在无法查知。梁僧祐所著《出三藏记集》即《祐录》中，在《卷一·〈前后出经异记〉第五》里，专门就旧、新译经的佛教专有名词、术语的译法的不同，做了一个比较。现代有的学者认为僧祐所列的并不完全，又专门为之做了补充，其中即列出汉（代）译“十二种”，“新译”作“十二因缘”①。

“十二因缘”之说是佛教最基本的教义之一。可以推想，如此重要的概念性术语，在东汉之后、三国（魏）两晋时代的规模宏大的佛经翻译中，一定会大量地涉及，因此它不可能等到南朝时才改译作“十二因缘”。魏晋时期最重要的佛经翻译是鸠摩罗什的译经。鸠摩罗什译经数量多，涉及范围广。尤为重要的是，鸠摩罗什译经翻译质量极高，佛教的名词、术语经鸠摩罗什翻译，大部分都确定了沿用至今的译法。因此鸠摩罗什以前的译经被称为“旧译”，鸠摩罗什译经则称为“新译”。一般来说，梁代所说的佛教“新译”，指的应该就是鸠摩罗什的翻译。况且像“十二因缘”这样重要的概念性术语，在鸠摩罗什的译经中是不会不大量涉及的。（对于“因”与“缘”这两个概念，鸠摩罗什界定说：“力强为因，力弱为缘。”②）因此可以肯定，至迟至鸠摩罗什译经（十六国时期，亦即东晋时期），“十二种”的旧译已为“十二因缘”的译法所取代。

汉代及其他各代的经师翻译佛经，大部分是在汉语中找出与梵文原来的发音相近的字来音译佛经中的专名和术语。但是，对于“因缘”这个佛教术语，我们却可以肯定古代的译经师对它的翻译是借用的汉语原

① 郭朋：《汉魏两晋南北朝佛教》，齐鲁书社，1986年，第82页。
② 《辞源》（修订本），商务印书馆，1979年，第0568页。

有词汇而非采用梵文音译。

在前面所引用过的《辞源》对“因缘”的解释中我们已看到，在《史记》和《汉书》中都有“因缘”一词的出现。而在第一部汉译的佛经《四十二章经》中，也已经有“因缘”这个词出现。《史记》的成书早于任何汉代佛经的翻译。《汉书》为东汉班固所撰。班固（32—92年）创作《汉书》主要是在明帝时期，《四十二章经》据认为也是在明帝时期翻译的。[①]《汉书》中出现的“因缘”，如前引《辞源》中所引的《汉书》七七《郑崇传》句子中的“因缘”，是“依据”的意思，与《四十二章经》中所用的“因缘”意思相同。那么，在这一词义上，到底是谁受谁的影响呢？

再进一步确切地说出《汉书》的成书与《四十二章经》的译出哪个更早一些是不可能的。但是语言的流传和某个词语或词义的使用和推广都是比较缓慢的现象，尤其在信息、通信不发达的古代更是如此，因此，我们此处也无须做此比较。因为即使是《四十二章经》的译出稍早于《汉书》的成书，《汉书》也不可能在如此之短的时间里就在用词上受到《四十二章经》的影响。既然《汉书》在用词上不可能受到翻译佛经《四十二章经》的影响，那么就只有一种可能：在当时的汉语中，“缘”和“因缘”已经有了“依据”的词义，这个词义因为其适合于佛经中某些内容的翻译，因此在经师翻译佛经时，原有汉语词语“因缘”就被直接采用了。

“十二因缘”说中的“因缘”，含义比“依据”之义更复杂、微妙一些。但是从“十二因缘”又可称为“十二缘起支”，可知这也不是音译，

① 对于《四十二章经》的真伪及翻译时间，学者们存在争议。笔者此处采用汤用彤先生的观点。读者可参考汤用彤先生的《汉魏两晋南北朝佛教史》第一分第三章。

而是意译，因此可用义近的不同汉语词语来称呼之。《辞源》解释“因缘”为梵语“尼陀那”[①]，也说明这是意译而非音译。这个“因缘”，与《四十二章经》中的“因缘”当有一种承袭的关系，因为下文我们通过分析可以看到：“十二因缘”说中的“因缘”的含义，其实是在“依据”之义上的发展。

在早期翻译的佛经中，有关“十二因缘”说的内容已经十分完整，下面我们来看一下这些内容的概要。为了使大家有一个清晰的印象，我们首先来看下面的列表：[②]

表 3 “十二因缘”说概要结构

<table>
<tr><td rowspan="12">十二因缘</td><td>无明</td><td rowspan="2">过去因</td><td rowspan="12">三世两重因果</td><td rowspan="12">流转门
“无明缘行……生缘老死”

还灭门
“无明灭则行灭……生灭则老死灭”</td></tr>
<tr><td>行</td></tr>
<tr><td>识</td><td rowspan="5">现在果</td></tr>
<tr><td>名色</td></tr>
<tr><td>六入</td></tr>
<tr><td>触</td></tr>
<tr><td>受</td></tr>
<tr><td>爱</td><td rowspan="3">现在因</td></tr>
<tr><td>取</td></tr>
<tr><td>有</td></tr>
<tr><td>生</td><td rowspan="2">未来果</td></tr>
<tr><td>老死</td></tr>
</table>

“十二因缘”之说认为，人们生死流转的根本原因是“无明”（亦称

① 《辞源》（修订本），商务印书馆，1979 年，第 0568 页。
② 参见郭朋：《汉魏两晋南北朝佛教》，齐鲁书社，1986 年，第 90 页。

“愚痴”）。“无明缘行”，即以“无明”为“缘”而产生“行”，即造各种业。有了“行”业，招感“识”去投胎受生，所以叫“行缘识”。“识”投胎之初，胎儿尚未成形，“识”同胞胎凝合在一起，称为“名色”——“名”就是“识”，“色”即胞胎。这就叫“识缘名色”，即以“识”为“缘”而有“名色”。经过一段时间，胎儿成形，眼、耳、鼻、舌、身、意“六根”具备，这就叫作“六入”（即六根）。以“名色”为“缘”而有“六入”，所以叫“名色缘六入”。婴儿出生，接触外界的事物，就叫作“触”。以“六入”为“缘”而有“触”，所以叫作“六入缘触”。同外界接触，便有各种感受，这就叫作“触缘受”。好的感受，产生希求、爱恋，叫作“受缘爱”。由爱恋而产生追求（取），这就叫作“爱缘取”。由于追求欢乐境界而引起可能招致将来苦果的诸业（有），这就叫作“取缘有”。有了新的惑业，必将再去投生，这就叫作“有缘生”。有生，必有老死，这就叫作“生缘老死”①。

“十二因缘”包含了过去、现在、未来的“三世”两重因果，关系可以说是非常之大的。按照“无明缘行”至“生缘老死”的模子，循环受生，轮回不息。其中每个前一环都是后一环的“缘”。任何一环消失了，后来的各环就会依次失去“缘”，循环就会终止。按照佛教的说法，就是超脱了流转门而趋于还灭门，也就是超脱了生死，达到涅槃的境界了。然而去除任何一“缘”，都是极为困难的。高僧法师们终生苦苦修行，为的就是冲决俗“缘”的牵制而跳出生死流转，但是成功的人又有几个？一般的俗人，则更是注定要在“十二因缘”的流转门中生生世世地轮回不息了。

---

① 参见郭朋：《汉魏两晋南北朝佛教》，齐鲁书社，1986年，第90-91页。

从“十二因缘”说的内容来看，“十二因缘”的每一“因缘”都因上一“因缘”而产生。每一“因缘”都是下一“因缘”的“因缘”。由此可以推断，最早将佛教中的这种概念译为汉语“因缘”的经师，看中的当是“因缘”的“依据、因依”之意。“缘”与“因缘”一样是“十二因缘”说中的最重要的概念，可以看出，它在这里的词义其实和“因缘”差别不大，只不过用法更多、更灵活。“缘”很早就有了“因”“循”等义。如《荀子·礼论》：“凡缘而往埋之。”这里的“缘”即是“因”之义。[①]《孟子·梁惠王》：“犹缘木而求鱼也。”这里的“缘”是“循”之义。[②] 实际上，古代汉语中原有的“因缘”就是由“因”和“缘”合成的同义合成词。因此，经师们在最早选用“缘”来翻译“十二因缘”等佛教经义时，也应当是像使用“因缘”一样，是因其原有的词义而选用了它，而不可能是梵文的音译。在比较早期翻译的佛经中，“因缘”与“缘”经常混用，“因”与“缘”的区分也不分明。以后随着佛经翻译的丰富，对教义的研究也日趋精微，于是才又再仔细区分“因”和“缘”：“力强为因，力弱为缘。”（鸠摩罗什语）“前缘相生，因也；现相助成，缘也。”（僧肇语）这就是我们今日所知的“事物的产生所倚赖的主要条件是‘因’，起辅助作用的条件是‘缘’”的这种词义了。

对于普通的人来说，从整体的内容上来理解，“十二因缘”之说从一开始就给人这样一种印象：人世中的一切，都已为前缘所定。每一个结果都是事前就已为前一个结果的“缘”所确定，而非个人可以决定或更改的。“十二因缘”中的“无明”是初始的“因缘”，如果一旦由于修道而灭除了“无明”，就能跳出流转，超脱生死轮回。但是这只有极少数有

① 转引自《中华大字典》，中华书局，1978年缩印版，下册，第2064页。
② 转引自《中华大字典》，中华书局，1978年缩印版，下册，第2064页。

特殊天分和毅力的人才可以做得到。对于普通的人来说，他们只有接受命运的安排，在一个充满了天定的“前缘”的人生中，按部就班地走完一生。

这种理解，和我们今天所知的“缘”“缘分”的“命中注定的遇合的机会”的词义是基本相似的，应当就是这个词义的根源。将对一种宗教的教义内容的理解，精炼在一个词义之中，这应当是通过佛教传播—佛教教义广为流布—佛教用语日常化为大众用语这样的一个过程而实现的。

汉代以后，佛教在我国的传播日益广泛。尤其是到了东晋（十六国）、南北朝时期，佛教在中国的流传呈现出繁荣鼎盛的局面。伴随着佛教广泛流传的，自然是佛教教义的日益广泛深入传布。在对待佛教和佛教的教义的问题上，作为中国本土文化的代表和领导者的儒家知识分子的态度尤为重要。东晋以后，在儒家知识分子中，越来越多的人主张接受佛教、折中儒佛，接受佛教的倾向压倒了排斥的倾向。如谢灵运就著《辩宗论》主张调和儒佛。像谢灵运这样的文学名士，他们既是那个时代文学领域中的佼佼者，又对佛教教义有较深的了解，熟知各种佛教用语。他们主张调和儒、佛、玄，并且在创作中常常运用佛教用语。文人名士的文学作品中的语言，是古代社会语言的典范，受到其他各社会阶层人士的模仿，因此一旦他们在自己的作品中使用了佛教用语，很快就会有社会各阶层的人来模仿，由此使他们所用的佛教用语向社会通用语转化。在谢灵运的作品中，已经有佛教意义的“缘”的使用。如《还旧园作见颜范二中书》：“长与欢爱别，永绝平生缘。”笔者无法逐个查找与谢灵运同时代的文士们在作品中使用“缘”字的情况，但是同时期及在谢灵运以前，当绝不是只有谢灵运一个人在诗文中使用这种“缘”字。

在南北朝时期那种宗教狂热的社会气氛下，不仅是文士，在佞佛帝王的倡导下，全社会都在崇扬佛教。在这种情况下，佛教的最常用的用语，特别是像“缘”这样汉语中本已有之的词语，就更容易为各阶层人士习用而转为社会语言了。因为宗教气氛大盛的缘故，其基于宗教的新词义，渐渐压倒了原有的各义而成为最常用的义项。这种词义，沿用至今，就是我们所熟知的“缘分”即“命中注定的遇合的机会”一义。

从诗文方面来看，在晋代以前的诗文中，我们基本上见不到有今日的“缘分”之意的“缘”字出现。而在东晋之后，这样的“缘”的出现就屡见不鲜了。这是对我们上面的论述的有力佐证。

从我们已知的各种文献来看，“缘分”这个词的出现当比“缘”的出现要晚得多，主要是在唐代以后的诗词文赋中有出现。它应当是在有宗教意味的“缘”出现以后，从这个“缘”发展出来的通俗化形式。它的“分”字，取的应该是“分”的“定分”之义。前面我们已经分析过，“分”的原始词义中并没有今日的“缘分”的“命中注定的机遇”的词义。但是“分”很早就发展出了“名分”（《礼记·礼运》：礼达而分定。①）、“分位”（《蜀书·诸葛亮传》：此臣所以报先帝而忠陛下之职分也。②）的词义。“分”的“定分”之义，应当是从以上两个词义引申而来的。人们为了更明白地表示“缘”的“命中注定”之义，于是将这个“定分”的“分”加在“缘”字之后，合二者为一词。在“缘分”这个词中，“缘”是主要的构词成分，“分”为附加成分。这个“分”字的加入，并没有使“缘分”比“缘”的词义有所增加。

然而，今天我们常会听到有人用“有缘无分”这样的说法。很明显的，在这里人们是将“缘”理解为“命中注定的相遇的机会”，而将

① 见《中华大字典》，中华书局，1978年缩印版，上册，第111页。

② 见《中华大字典》，中华书局，1978年缩印版，上册，第111页。

"分"理解为"命中注定的结果"。这种用法，其实是把"缘分"理解成了复合式合成词，是由有"命中注定的相遇的机会"之义的"缘"和有"命中注定的结果"之义的"分"这两个词根并列合成的。从这种理解出发，当然又很容易把单音节的"缘"一词仅仅理解为"命中注定的相遇的机会"了。

其实，"缘"的词义是"人与人命中注定的遇合的机会"，这里"遇合"本来就是包含有"遇"和"合"，"合"里已经包含了结果，因此"缘"这个词的词义里早就包含了"命中注定的相遇"和"命中注定的结果"这双重含义。"缘分"这个词是一个附加式的合成词，它是以"缘"为词根的，"分"是词缀，它的加入是为了更明白地强调这一词义中的"命中注定"一义。"有缘无分"这种说法中对"缘"和"分"以及"缘分"一词的结构的理解都偏离了原义，其实是由于对"缘分"一词的词源和确切词义缺乏了解而产生的误用。

随着时间的推移，一个词语的起源很容易被人淡忘，而在人们的使用过程中，词语也常常引申出新的词义甚至发生词义转移。有时，词语的新义或词义转移就源于人们的误用。人们的使用是影响词义的变化和发展的决定性因素，因此，即使是源于误用，在被大众认可并且习惯使用之后，也就会被当成是正确用法了。但是，目前我们仍可以指出"有缘无分"这样的用法是一种误用，因为这种误用虽然得到了许多人的认可和使用，却还没有影响到语言学者们在词典里对"缘"和"缘分"的解释。在其他大多数的情况下，人们对"缘"和"缘分"词义的理解还是正确的。

最后，我们对上面的全部分析做一总结："缘"有多种词义，其中"缘分"之意体现着其主要的文化意义。今天我们所用的"缘分"之

“缘”，它的意思是“命中注定的机遇”，“人与人之间有命中注定的遇合的机会”。这种意思不是“缘”的原始词义，而是由佛教教义演化而来的。由于“缘”的词义适合于表达佛教中的某些概念，因而被当时的译经师在翻译佛经的过程中采用，作为佛教，尤其是佛教基本教义之一的“十二因缘”说的专用名词和术语。此后，随着佛教的广泛传播和佛教教义的逐步深入地传布，“缘”和其他的许多佛教用语大众化为日常用语。“缘”在由佛教用语重新大众化为日常用语的过程中，由于人们将对佛教“十二因缘”说的理解凝练在这个词上，因而它又增加了“命中注定的机遇”的新的词义，并且这个新的词义迅速超过“缘”的其他旧有词义而成为人们使用最多的词义，成为“缘”的主要应用词义。“缘分”一词的出现晚于“缘”的由佛教用语重新大众化为日常用语，它是上述新的词义的“缘”的通俗化。因此，我们今日所使用的“缘分”及“缘分”之意的“缘”，其词义其实来源于佛教的教义，其文化意义来源于佛教。

（本文原载于《南开语言学刊》第三辑，南开大学出版社，2004 年）

略谈对外汉语词语文化意义教学
——以“人情”与“人情味”为例

自20世纪80年代以来，文化教学问题在对外汉语教学领域中一直受到关注。本文不拟全面探讨对外汉语教学中的文化教学问题，而是仅就词语的文化意义的教学略陈管见。

在语言系统中，词汇最容易受到社会文化的影响，也因此最能反映出社会文化的特点。语言中所包含的文化内容，主要存在于词汇之中，因此毫无疑问词语文化意义教学在语言技能课的文化因素教学中理应占有最主要的地位。在对外汉语教学界过去二十多年的文化研究中，微观研究的成果主要集中在词语的文化意义的探索与对比上，这并不是偶然的。今后对外汉语教学界的文化研究固然还需要扩大微观研究的范围，但对于词语文化意义研究方面已经取得的成果，还需要进行整理和总结，对于词语文化意义教学，也需要更加重视。因为一方面已有的研究成果向教学应用转化的情况并不理想，另一方面甚至包括一些词语文化意义的研究者在内，许多人对于词语文化意义教学在对外汉语教学中的重要性认识得还很不够。

一、词语文化意义教学的内容

在对外汉语教学中进行词语文化意义的教学，首先需要确定教学内容的范围。文化意义既体现在词语的语音形式、结构形式中，也体现在词语聚合中，不过最主要的还是体现在词义之中。对于词语文化意义教学来说，词义中所体现的文化意义应该是最主要的教学内容。

每个词语在表达词义时均体现出一定的文化意义，不过并不是所有词语都需要列入词语文化意义教学。有的词语所体现的文化意义是人类共有的，学生在学习这类词语时不会产生文化理解方面的问题，因此词语文化意义教学不必包括这类词语；有些词语则体现着本民族独特的文化意义，这类词语正是我们的词语文化意义教学的最主要的内容。借鉴已有的研究成果①，笔者在此对这类词语分类总结如下：

（1）表示我国独有事物的词。这类词又可分为两类：一类因反映的是我国独有事物的客体信息而显示出特定的文化意义，如“华表”“太极拳”；另一类因反映的是我国独有事物，并在此基础上表达了民族文化心理，从而显示出文化意义，如“红娘”“人情味”。

（2）一些象征义和联想义表达了汉民族的观念和心态的表示动物、植物、色彩的词，如“红豆”（象征相思）、“喜鹊”（可使人联想到喜庆、吉祥）、“红色”（在汉语里可使人联想到喜庆、节日、欢乐等）。

（3）一些评价色彩表达了汉民族特定的社会文化心理的词，如“龙”“雄心”“野心”等。

（4）熟语。成语、歇后语、惯用语等熟语，或具有独特的文化渊源，或表达双层意义，因而具有丰富的文化意义。

相对于留学生的母语来说，上述词语可分为不等值词语与不完全等值词语两种。不等值词语指那些表示我国独有的事物，在学生的母语中没有对应词语的词语，包括上述词语中第一种的全部和第四种中的一部

① 参见谢文庆：《试论汉语词汇的文化意义》，载于天津市对外汉语教学研究会：《天津市对外汉语教学论文集（1994）》，天津人民出版社，1995 年。

分；不完全等值词语指汉语与学生的母语中意思（理性意义）、色彩（色彩意义）和表达形式不完全相同的词语，包括上述词语中的第二、三种的全部和第四种的大部分。[①] 大部分汉语成语、歇后语与惯用语在其他语言中可以找到意思相同或是相近但形式不同的表达，不过汉语熟语所特有的文化渊源、思维方式、幽默意味等却没有对应的表达，因此应该归于不完全等值词语。

从所表达的文化内容的层次来看，以上词语可分为体现表层文化的词语和体现深层文化的词语。表层文化即物质文化，指器物层面和制度、习惯层面的文化，如人文景观、交际方式、风俗习惯、社会制度、公共组织等；深层文化即文化的核心部分，指的是文化的心理状态，即决定和主导物质和制度、习惯层面文化的文化，如民族的价值观、道德观、思维方式、民族性格等。

二、词语文化意义教学的主要影响因素

以上我们确定了词语文化意义教学的主要内容，下面再来探讨一下在教学中怎样安排教学内容和确定教学方式。

词语文化意义的教学，其目的是为了更好地促进语言教学，它并不是一门特别的课程，而是渗透在各个水平阶段的各门语言技能课之中。尽管各种语言技能课型中都有词语文化意义教学的内容存在，不过总的来看，词语文化意义教学最主要的还是存在于精读和口语两种课型之中。在各种语言技能课型中词语文化意义的教学都从属于并且必须服从于该门课程的教学整体设计。因此，词语文化意义的教学在各阶段的各课型

① 参见周小兵:《对外汉语教学中的跨文化交际》,《中山大学学报》(社会科学版)1996 年第6 期。

中都不可喧宾夺主，为此在教学上应特别注意紧紧围绕着教学的主题，尽量以自然的方式导入。

在安排和确定词语文化意义教学的内容和方式时，应特别注意以下两种认知规律的影响。

（1）在第二语言教学中，学生对于目的语的背景文化（目的语国家文化）及目的语中的文化因素的学习与理解的能力与其对目的语的掌握程度成正比。掌握目的语水平越高，对于目的语背景文化及目的语中的文化因素的学习和理解能力就越强。安排不同水平阶段的教学内容时应该考虑到上述认知规律的影响。按照这种规律，教学内容的安排应遵循由少而多、由浅至深的原则。

按照由少而多的原则，词语文化意义的教学在初级阶段要尽量少安排，中级至高级阶段则可以逐步增加。

按照由浅至深的原则，从初级阶段至高级阶段，有关词语的选排应按照其词义所体现的文化意义，逐步由表层文化而至深层文化。在表层文化中，又应当是由器物层面的文化而至制度、习惯层面文化。在初级阶段，应侧重体现器物层面文化的词语，同时从初级阶段后期开始，可以逐步增加体现制度、习惯层面文化的词语；中级阶段侧重体现制度、习惯层面文化的词语，从中级阶段中期开始，可以逐步增加一些体现深层文化的词语；高级阶段应侧重体现深层文化的词语。

（2）在第二语言教学中，学生文化背景的差异及对目的语的背景文化的熟悉程度的差异同样会影响他们对于目的语的背景文化及目的语中的文化因素的学习。由于目前国内的对外汉语教学部门基本上都采取按语言水平将留学生不分国籍地混编班的办法，教学中普遍存在着教学对象汉语水平处于同一层次而文化背景和对中华文化的熟悉程度却存在差异的情况，这类差异对于文化教学实际上具有很大的影响。遗憾的是，虽然对外汉语教学界在很早以前就有人注意到了这一点，但却一直未有人讨论过具体的对策。

一般来说，同一汉语水平层次的学生在学习汉语中的文化因素与中华文化时，来自于韩国、日本、越南等历史上深受中华文化影响的国家（或曰属于儒家文化圈的国家）的学生遇到的困难较少，来自于欧美国家等非儒家文化圈国家的学生遇到的困难较多（华裔学生另当别论）；汉语水平及自身背景文化与中华文化的关联度均处于同一层次的学生进行同样的学习时，接触中华文化时间较长的学生遇到的困难较少，接触中华文化时间较短的学生遇到的困难较多。

确定各个水平阶段及各个课型的不同教学方式时应考虑到这种认知规律的影响。由于混编班中学生文化背景、对中华文化的熟悉程度存在差异，一些词语的文化意义对某些学生来说需要解释，对另外一些学生来说就不需要解释；还有一些词语的文化意义对于某些学生来说需要重点解释，而对另外一些学生来说则稍加解释即可，当然也有一些词语的文化意义对所有学生来说都需要做重点的解释。以上情况要求词语文化意义的教学应该具有针对性，尽量使所有学生都得到恰到好处的解释。达成这样的目的，需要对外汉语教材的编写者和对外汉语教师的共同努力。

词语文化意义的教学并不只是教师课堂上的工作，在编著教材时，教材的编写者即应考虑到那些其文化意义需要解释的词语，在教材中以翻译、图示、注释、背景知识介绍等方式加以解释。我们前面已经谈到过词语文化意义教学在各个水平阶段选排词语的原则，上述原则适用于教材编写中的词语选排及其文化意义的解释。按照上述原则，初级阶段教材应主要选排体现器物层面文化的词语，并且不适于安排过多的文化教学内容，因此词语文化意义的解释主要应通过生词语的外文翻译与图示的方式来完成。[①] 中级阶段教材要多选排那些体现制度和习惯层面文化的词语，除了生词的外文翻译外，也应多设一些词语的中外文注释[②]，即对于那些预计学生会出现文化理解问题的词语，应以中外文注释的方式来说明。高级阶段的教材在继续选排体现制度、习惯层面文化的词语的基础之上，应多选排体现深层文化的词语，因此除了前述的翻译和注释的方式以外，对于那些体现着深刻中华文化内涵的词语，还应以背景知识介绍的方式加以解释说明。

在授课时，对于教材中的词语翻译、注释和背景知识介绍，教师可视需要有选择地讲解，绝大部分应留给学生自己阅读或示意一部分学生阅读。理解有问题的学生可以通过阅读教材自己学习，理解没有问题的学生则可以不必阅读教材中的相关部分。这样可以很好地利用教材对于词语文化意义教学的辅助作用。

但是教材在编写时无论怎样注意，也不可能完成解释所有词语文化意义的任务。在教学中我们随时可能遇到一些其文化意义需要解释而教材又未做解释的词语，学生也随时有可能向我们提出关于这方面的问题。这时，教师需要以讲解的方式来解释，这无疑对对外汉语教师提出了很高的要求。笔者认为，为了应对这种教学要求，教师主要应从以下两个方面入手。

（1）课前认真进行准备。教师在备课的过程中要预判出那些学生理

① 关于对外汉语教材的词语外文译释，徐文静《词语·文化·对外汉语教学》一文有专门的论述，该文见《语文学刊》2002 年第 6 期。

② 关于对外汉语教材的词语外文译释，徐文静《词语·文化·对外汉语教学》一文有专门的论述，该文见《语文学刊》2002 年第 6 期。

解其文化意义会有困难的词，认真分析，并准备出简洁有效的讲解方案来。在混编班中不同学生理解汉语词语文化意义困难程度不同的情况下，讲解方案只有简捷有效，才能保证对于全体教学对象有最大的针对性，同时也能保证对于词语文化意义的讲解在课堂上不至于占用过多的时间，避免出现喧宾夺主、影响教学整体设计的情况。这样当然也对教师的备课提出了更高的要求：解释词语的文化意义，其实是在总结和解释本国的文化，在解释的过程中需要分析和思考的东西往往是数量非常多、范围非常广的。但是，不管分析和思考的过程有多么复杂艰难，最终应把词语的文化意义用最简洁的语言概括出来，并用最简单易懂的例子加以说明。依笔者的经验，为了做好这样的准备工作，教师手中最好常备一些包含文化知识多的辞书，如《辞源》《辞海》，以及各种成语典故词典、国俗语义词典等。

（2）提高自身文化素质。大多数同行在探讨文化教学相关问题时，都提出应提高对外汉语教师的文化素质，也有人专门就此撰文①，这一点可以说已经成为对外汉语教学界大部分同行的共识。进行词语文化意义的教学当然也要求教学者自身具备较高的文化素质，这是教师进行词语文化意义教学的基础。为此，对外汉语教师平时应加强对于中华文化知识的学习，努力提高自身的文化素养。

三、“人情”与“人情味儿”文化意义分析和教学设计

在对外汉语教学界过去二十多年的文化研究中，微观研究的成果主要集中在词语的文化意义的研究上。但即使如此，包括一些词语的文化

① 例如，吴竞红：《对外汉语教学对教师文化素质的要求》，《光明日报》2005 年 8 月 1 日第 7 版。

意义的研究者在内，对外汉语教学界总的来说，对于词语文化意义的教学在对外汉语教学中的重要性仍然缺乏足够的认识。这也是已有的研究成果向教学应用转化的情况不理想的重要原因之一。

在词汇教学的功用之外，词语文化意义的教学能在培养学生的跨文化交际能力方面发挥重要的作用。下面笔者谨以自己对于“人情”与“人情味”这两个词的文化意义的分析和讲解方案的准备为例来说明这一点。

几年前笔者上“中级汉语口语”课时，课文中出现了“人情味儿”一词，一位美国同学请我详细地为他解释这个词。这位同学没有中华文化的背景，但是当时在中国已经生活了近一年，见到“人情味儿”这个词后，他联想到了他在中国见到、听到和经历过的许多事情，意识到了“人情味儿”这个词指代着一种强大的文化想象，有很深的文化意义，不过还不能完全理解，希望笔者能帮他解开疑惑。笔者当时还未开始注意对于词语文化意义的讲解，没做过这方面的准备，因此没能解释得令他满意。事后笔者总结这件事情，认识到必须重视对于词语文化意义的讲解，从而进行了下面的准备，并重新设计了讲解方案。

对于“人情味”（“人情味儿”）这个词，《现代汉语词典》的解释是“指人通常具有的情感。”①《汉语大词典》则解释为“人通常具有的情感、意味等。”②

“人情味”（“人情味儿”）是一个比较通俗化的词，它来自于“人情”一词，这一点我们从词义上将两个词比较一下就能看出来。

---

① 中国社会科学院语言研究所词典编辑室:《现代汉语词典》(修订本)，商务印书馆，1996 年，第 1064 页。

② 《汉语大词典》(第一卷)，罗竹风主编，汉语大词典编辑委员会、汉语大词典编纂处编纂，上海辞书出版社，1986 年，第 1050 页。

对于“人情”一词，《辞源》的解释是：

人情 （一）人的感情。《礼·礼运》：“何谓人情？喜、怒、哀、惧、爱、恶、欲。”（二）人之常情。《庄子·逍遥游》：“大有径庭，不近人情焉。”（三）人心、世情。《文选》晋欧阳坚石（建）《临终诗》：“真伪因事显，人情难豫观。”明杨基《眉庵集》二《闻蝉》诗：“人情世故看烂熟，皎不如污恭胜傲。”（四）以物相馈赠或馈赠品。唐杜甫《杜工部草堂诗笺》三三《戏作俳谐体遣闷》：“於菟侵客恨，粔籹作人情。”①

《辞海》的解释比《辞源》多了“情面；情谊”的一个义项，其余基本相同。②

可以看出“人情”词义中的“人之常情”这个义项，是“人情味”（“人情味儿”）的词义来源。对于“人之常情”，《汉语大词典》解释为“人们通常具有的心情。”③ 这个解释又和上面所引的《现代汉语词典》《汉语大词典》对于“人情味”的解释很相似。按上面的这个过程来分析，不能揭示出“人情”和“人情味”的文化意义。

再来看看外文工具书。《汉英词典》里对“人情”的解释是：

人情 ①human feelings；human sympathy；sensibilities：他很重人情，朋友的事总是愿意帮忙。He sets a great store on friendship，and is

---

① 《辞源》(修订本)，商务印书馆，1979 年，第 159 页。

② 参见《辞海》，上海辞书出版社，1989 年，第 797 页。

③ 《汉语大词典》(第一卷)，罗竹风主编，汉语大词典编辑委员会、汉语大词典编纂处编纂，上海辞书出版社，1986 年，第 1034 页。

always willing to help his friends. ②human relationships：人情之常 be natural and normal (in human relationships) ③favour：做个人情 do sb. a favour / 空头人情 an empty promise ④gift；present①

其中义项②是前文所引过的各汉语辞书中没有出现过的。这个义项是“人际关系”，这就已经揭示到了“人情”的文化背景了，不过太简略，还不足以使没有儒家文化背景的人完全理解。要更好地理解“人情”与“人情味”的文化意义，还需要去它的文化背景中溯源。

中国传统的儒家文化最重视人伦，在儒家文化主导之下的中国传统社会是一个重伦理的伦理本位社会。在儒家文化看来，社会的基本人际关系就是父子、君臣、夫妇、兄弟、朋友五伦，其他的一切社会人际关系都是这五伦的扩展。在最基本的五伦中，父子、兄弟和夫妇是血缘和亲缘关系，君臣和朋友关系是拟血缘的关系。君臣关系拟于父子关系（君主是国家的家长），朋友关系拟于兄弟关系（朋友往往以兄弟姐妹相称，不是同胞胜似同胞）。实际上，在儒家的人伦本位思想中，人际关系就是血缘关系的扩展。

按照血缘关系来确定人际关系，就势必会在人际关系中形成亲疏远近有别的差序。实际上，区分人际关系的差序，正是儒家人伦思想的基本要义。“人伦”的“伦”字，其本义正是“次序”②。费孝通先生将中国的传统社会关系格局称为差序格局，指出“在差序格局中，社会关系是逐渐从一个一个人推出去的，是私人联系的增加，社会范围是一根根私

---

① 北京外国语大学英语系词典组：《汉英词典》（修订版），外语教学与研究出版社，1995 年，第 836 页。

② 可参见《辞源》关于“伦”字的释义。

人联系所构成的网络”，每一个人都是他自己的社会关系网络的中心。[①]在差序格局中社会关系是根据血缘关系和拟血缘关系，按照亲疏远近的差序原则来构建的。在人际交往中，一般是关系越靠近血缘的核心，越容易被人们接纳，也就越容易形成合作、亲密的人际关系；越是远离血缘的核心，就越容易被人们排斥，就会形成疏淡的人际关系。

在人际关系中强调亲疏远近的差序，而亲疏远近的外在表现主要是感情，所以在维系人际关系的问题上，中国人考虑的最多的是感情因素。这种感情因素在长期的人际交往中以亲情为基础演变成为一种全社会所有人都有精神共鸣的社会情感——“人情”。“人情”是维系中国人际关系的主要纽带。

“人情”能演变成一种社会情感并成为维系中国人际关系的主要纽带，是由中国的人际关系是血缘关系的扩展这一特点决定的。由于人际关系是从血缘关系向外推，人们在交往中如果与交往对象不存在血缘关系，却又期望与对方建立密切的人际关系，就不得不采取拟血缘关系的办法，使自己较容易获得对方的认可和接纳。而因为人际关系的基础是血缘关系，人们在处理人际关系时考虑的主要是感情因素，因此采取拟血缘关系的办法来获得对方的认可和接纳，主要的手段是在感情上获得对方的认可和接纳。在差序格局的社会关系中，按照人际关系的亲疏远近，感情也有亲疏远近，亲情是核心的感情。想要建立拟血缘的关系，在感情方面就要采取拟亲情的方式。即使希望建立的不是很密切的人际关系，也要拟比希望建立的关系亲密得多的关系，比应有的感情亲密得多的感情才能建立。这样，在中国传统人际关系模式之下，以“亲情”

---

① 费孝通：《乡土中国·生育制度》，北京大学出版社，1998年，第30页。

为基础的“人情”，就随着人际交往而扩大成为一种贯穿于人们的社会交往之中的社会情感和精神共鸣。①

中国人的“人情”既是一种情感，又是一种主要用于人际交换的资源。“人情”互换的主要表现形式就是“回报”。但是由于“人情”是基于亲情的，因此中国人的“人情”交往一般采用“非等价交换”原则。“对人际交往的一方来说，他希望在人际关系中由于自己的‘人情’付出而得到回报，而当获得了回报时，却又觉得对方的回报多于自己的付出，感觉自己反而又欠了对方的人情，于是又想把多得的人情还回去；而对人际交往的另一方来说，当接受对方的‘人情’时，他就一直把它作为生活中重要的事项，要寻机回报，一旦有了机会，便立即做出回报，而且这种回报总要大于其所接受的‘人情’，这样一来，就觉得自己不欠对方什么。”② 中国人在“人情”交往中的此种表现是基于中国人的“不欠”和“回报”心理，这是中国人和西方人心理的主要区别之一。“人情”就是这样因为人们的“不欠”和“回报”心理，以“回报”为主要方式，成为使中国人人际互动的纽带。

作为中国人维系人际关系的主要纽带，“人情”既有优点又有缺点。一方面，中国的“人情”关系强调人与人之间的关怀，加强了人们彼此的亲近感和认同感。另一方面“人情”关系容易被泛化到职业活动和政治活动中去，将社会公共生活和职业活动“私人化”“情感化”，造成腐败和不正之风泛滥。

通过上面的分析过程，我们可以得知：“人情”是一种贯穿于人们的社会交往之中的社会情感和精神共鸣，是维系中国人际关系的主要纽带。

---

① 参见王晓霞：《当代中国人际关系的文化传承》，《南开学报》（哲学社会科学版）2000 年第 3 期。
② 王晓霞：《当代中国人际关系的文化传承》，《南开学报》（哲学社会科学版）2000 年第 3 期。

“人情”作为维系中国人际关系的主要纽带，根源于中国的传统儒家文化。“人情”作为一种社会情感是建立在血缘基础之上的，是在中国人际关系以血缘关系为基础扩展的特殊人际关系模式下，由亲情扩展而成的。在中国，无论是过去还是现在，“人情”都在相当程度上起着人际交往的规范的作用。

由于“人情味儿”的词义来源于“人情”，分析出了“人情”的文化背景，我们就可以向学生解释“人情味儿”的文化意义了。因为我们的分析和了解是比较深入的，因此在给学生解释时，就可以比较从容，整理之后就可以做到深入浅出。

在给学生解释“人情味儿”时，我们需要先解释“人情”：“人情”是指导中国人交际的一种感情，这种感情有社会性，它以“亲情”为核心。中国人在处事、交际时，主要用“人情”来指导自己行事，这与西方人主要是以职责、公义、信念、理性等因素来处理人际交往的方式不一样。“人情”在中国的人际交往中如此重要，是因为中国的人际关系是血缘关系的扩展，人们在交际中一贯最重视感情因素。它的形成是由于人际关系以血缘关系为基础向外扩展，血缘关系中的亲情也被推广应用到所有的人际关系中，于是渐渐形成一种以亲情为基础的社会情感，这就是维系人们人际交往的“人情”。

从构词法上来看，“人情味”（“人情味儿”）一词，是由“人情”和“味”（“味儿”）两个语素构成的词根＋词缀型的附加式合成词。“人情”是词根，“味”（“味儿”）是词缀。以同样的构词法构成的同类的词还有“年味”（“年味儿”）、“女人味”（“女人味儿”）、“京味”（“京味儿”）、“文化味”（“文化味儿”）、洋味（“洋味儿”）等。这里的“味”（“味儿”）是“情味”“意味”的意思。[①] 当然对于留学生来说，“情味”“意味”也很微妙，不太好理解，综合《现代汉语词典》《辞源》《辞海》等辞书对于“情味”“意味”的解释，笔者认为可以将这个“味”（味儿）解释为“情调、趣味”。

“人情味”就是“‘人情’的情味、意味”，也就是“人情”的情调、趣味，也就是上述的社会情感的情调、趣味。

举例来说，公司里的经理和职员是上下级的工作关系，如果经理在工作之外还关心职员的家庭、生活和健康，经常询问职员的家庭有无困难，提醒职员注意身体，和职员一起吃饭，这个经理就会显得很有“人情味”。经理当然并没有义务必须这样做，但是如果他这样做了以后，职员会觉得和经理很亲密，有圈内人的感觉，工作起来会更愉快，更卖力。中国人习惯在人际交往中有“人情”来维系，如果没有“人情”存在，会觉得毫无感情、索然无味。“人情”的基础是亲情，这里经理的“人情”是在模拟家庭感情。再比如，在中国，老师常会像家长一样提醒学生注意随着天气变化增减衣服以防感冒，注意锻炼身体等，这也是一种“人情味”的体现。老师这样做能体现他们对于学生的关怀，学生会由此感到家庭式的温暖，师生关系可因此变得更加融洽。类似的例子还可以再举，但是作为语言技能课中需要解释文化意义的一个词，解释的时间不能太长。

笔者以为按以上的讲解方案讲解，可以使学生基本理解“人情味”的文化意义。“人情”和“人情味”所隐含的文化意义总结了中国人际关系的最大特点，理解了这两个词的文化意义之后，学生自然会对中国的

---

① 参见《现代汉语词典》(修订本)第 1315 页“味”条目;《汉语大词典》(第三卷)第 252 页“味道”条目。

人际关系模式和中国人的交际行为有更好的理解，而且随着在中国的生活的继续，他们还会不断发现实例来印证和加深他们的理解。随着这种理解的加深，他们可以更好地理解中国人和发生在中国的种种现象，更好地和中国人交际。

以上的例子说明，对于词语文化意义的讲解能起到增强学生的跨文化意识和跨文化交际能力的重要作用。语言是文化的载体，而词语承载着语言中主要的文化内容，因此在教学中，我们只要进行词语文化意义的讲解，就能起到增强学生的跨文化意识和跨文化交际能力的作用，但是不必有意识地追求这种效果。

目前全球范围内的第二语言教学越来越重视对教学对象跨文化交际能力的培养。将提高学生的跨文化交际能力作为对外汉语教学的最主要的目标之一，也已成为国内对外汉语教学界不少人的共识。但在教学中应采取哪些具体的教学手段来达成这一目标，目前还在研究和探讨之中。笔者以为，词语文化意义教学能在培养学生跨文化交际能力方面发挥重要的作用，无疑应该被列为一种重要手段。我们应该加深对于词语文化意义教学的重要性的认识，加强这方面的研究，并且尽快地将研究成果转化到教学应用之中。

（本文收入石峰、施向东：《汉语教学谈：南开对外汉语教学及管理文集》，南开大学出版社，2009 年，收入本书时有改动）

参考文献：

[1]辞源[M].修订本.北京：商务印书馆，1979.

[2]辞海[M].上海：上海辞书出版社，1989.

[3]中国社会科学院语言研究所词典编辑室.现代汉语词典[M].修订本.北京:商务印书馆,1996.

[4]罗竹风.汉语大词典编辑委员会,汉语大词典编纂处.汉语大词典[M].上海:上海辞书出版社,1986.

[5]费孝通.乡土中国,生育制度[M].北京:北京大学出版社,1998.

[6]张英.论对外汉语文化教学[J].汉语学习,1994(5).

[7]张英.对外汉语文化教材研究:兼论对外汉语文化教学等级大纲建设[J].汉语学习,2004(1).

[8]毕继万,张德鑫.对外汉语教学中语言文化研究的问题[J].语言文字应用,1994(2).

[9]王晓霞.当代中国人际关系的文化传承[J].南开学报(哲学社会科学版),2000(3).

[10]赵贤州.对外汉语文化课教学刍议:关于教学导向与教学原则[J].汉语学习,1994(1).

[11]周小兵.对外汉语教学中的跨文化交际[J].中山大学学报(社会科学版),1996(6).

[12]徐文静.词语,文化,对外汉语教学[J].语文学刊,2002(6).

[13]马叔骏,潘先军.论对外汉语文化教学的层次[J].汉语学习,1996(1).

[14]刘春雨.关于对外汉语教学和文化导入问题的思考[C]//天津市对外汉语教学研究会.天津市对外汉语教学论文集(1995).天津:天津人民出版社,1997.

汉语国际教育硕士中国国情知识要求与培养模式

汉语国际教育的文化传播工作要求汉语国际教育工作者具备相当水平的中国国情知识，这在汉语国际教育的实际工作中也已经得到了证实。但作为以培养汉语国际教育人才为主要目的的汉语国际教育硕士专业学位研究生培养，在已有的三个指导性培养方案①中，只有针对外国留学生的 2010 版指导性培养方案提到了“了解中国”的培养目标，并设置了“当代中国专题”作为核心课程中的学位公共课程；针对中国学生的 2007 版和 2009 版指导性培养方案则均未明确提及国情知识要求，也未设置国情课程。这是一种明显的缺憾。② 在未来的汉语国际教育硕士专业学位研究生指导性培养方案修订中显然应当明确提出中国国情知识和相关教学能力要求，并设置相关课程，弥补现行培养方案在这方面的缺失。以下将就其中的具体问题进行探讨。

---

① 即 2007 版《汉语国际教育硕士专业学位研究生指导性培养方案》、2009 版《全日制汉语国际教育硕士专业学位研究生指导性培养方案》和 2010 版《全日制汉语国际教育硕士专业学位外国留学生指导性培养方案》。也被统称为三大纲。

② 与此形成鲜明对比的是国家汉办/孔子学院总部发布的三版《国际汉语教师标准》均明确规定了中国国情知识和相关教学能力要求。并如 2015 版《国际汉语教育标准》的相关描述被放在了“标准 4 中华文化与跨文化交际”中（2015 版《汉语国际教师标准》共有五个方面的标准），这一标准的总体描述为“教师应掌握中华文化和中国国情基本知识，具备文化阐释和传播的基本能力；具有跨文化意识和交际能力，能有效解决跨文化交际中遇到的问题”。标准 4 下有四个子标准，有关国情的具体子标准为“4.2　了解中国基本国情，能客观、准确地介绍中国”。其下又分三个子标准：分别为“4.2.1　了解中国的基本国情”；“4.2.2　了解当代中国的热点问题”；“4.2.3　能以适当方式客观、准确地介绍中国”。见孔子学院总部、国家汉办：《汉语国际教师标准》，外语教学与研究出版社，2015 年。

一、国情教学与文化教学

从20世纪80年代起，业内将对外汉语教学和汉语国际教育中与文化相关的教学统称为文化教学，其中既包括了语言技能课中的文化因素教学，也包括专门的文化知识课教学。中国国情教学传统上被认为是文化教学，笔者所在的教学部门，就将“中国概况”“中国风俗”“中国简史”这类课程归为文化课。从内容上看，国情教学的内容与文化教学的内容大多重合，如“中国简史”“中国风俗”等课程，既属于文化课程，也可被纳入国情课程的范围。笔者认为，从汉语国际教育的传统和实际来看，中国国情教学还应归类为文化教学。首先，依据广义的文化概念，国情本身的绝大多数内容①，确实都属于文化范畴；其次，将教学区分为语言（技能）教学与文化教学两大类，是对外汉语教学/汉语国际教育一直以来的传统，在课程分类、研究领域、教学法等方面都形成了各自的传统，这种现状不宜随意改变。

国情教学与其他文化教学的区别，首先是目标和侧重点的不同。我们强调中国国情教学，主要是从实际需要出发。一般的文化教学的目标内容的讲授是向教学对象传播文化知识，增加其对中华文化的理解，因此更侧重精神文化，对物质文化的介绍则不如国情教学系统；而国情教学的目标是向教学对象介绍中国，增加其对中国的整体了解，以帮助其把握中国现状，建立整体的中国印象，因此除了精神层面的文化讲授外，也包括地理、经济、政治等方面内容的介绍，即物质文化与精神文化并重，但对精神文化的介绍往往不如其他文化教学深入。

---

① 只有中国自然地理方面的内容是明显的例外。

其次，国情教学与其他文化教学的作用和效果不同。一般的文化教学，主要作用在于能辅助语言教学，增强其效果，提高学习者的跨文化交际能力，当然也能起到帮助学习者了解中国的作用，但效果不如国情教学；国情教学一方面对学习者的语言学习和跨文化交际能力的提升有帮助，另一方面能帮助学习者了解中国，建立其自己心目中的中国形象和自己的认识中国的方法，尤其在后者上所发挥的作用是无可替代的。也正因为国情教学在文化教学中有着无可替代的作用和效果，因此需要给予特别的重视。

二、国情教学的内容

在汉语国际教育工作中，教学是介绍中国的主要方式，对于汉语国际教育硕士的中国国情知识和教学能力的要求，也应当主要基于汉语国际教育中的教学和其他实际需求来制订。尤其是汉语国际教育本科留学生培养中的中国国情教学实际需求，应成为制订汉语国际教育硕士中国国情知识和教学能力要求的最重要的参考。

目前国内各汉语国际教育部门在本科留学生培养中基本都设置有多门国情类课程。以笔者所在的南开大学汉语言文化学院为例，涉及中国国情的课程有“中国概况”“中国民俗”“中国简史”“中国文化专题”等。其中，最典型的中国国情课程又当属“中国概况”。通过最常用的几本《中国概况》教材的内容设置，可以了解汉语国际教育界对本科留学生中国国情教学内容的主流见解。2000年以来，在“中国概况”课程教学中，我们先后使用过的《中国概况》教材有北京大学出版社版（王顺洪主编）、高等教育出版社版（郭鹏主编）、北京语言大学出版社版（宁继鸣主编）、上海外语教育出版社版（程爱民主编）。这几种教材也正是国内汉语国际教育部门本科留学生“中国概况”课程教学中最常用的教材。这些教材在内容设置上具有很强的共性，各版本中普遍出现的内容从章一级来看有中国地理、经济、传统思想、历史、文学、科技、政治制度、教育、国际交往、民俗等；从节一级的内容来看，还有中国人口、民族、语言文字、文化遗产、旅游资源等。此外，大部分版本还均设专章介绍当代中国人的生活。可以说，上述内容设置基本反映了汉语国际教育界对中国国情教学内容的主流意见。

汉语国际教育硕士的培养对象有外籍和中国籍的区别，针对这两种不同的对象，具体的中国国情知识要求和教学内容也应有所不同。针对留学生汉语国际教育硕士的中国国情知识和教学能力培养，其目的首先应当是培养学生建立基于客观事实和正确知识的、更加准确的中国形象，掌握认识中国的正确方法。在此基础上，再使学生具备一定的向传播对象介绍中国、讲解中国国情的能力。而要达到这两种目的，需要让学生对中国国情有较为全面、广泛和准确的了解。有鉴于此，对留学生专硕的中国国情知识要求，应当在本科的基础上增加深度和广度。相关课程设置应以专题、研讨类课程和专题讲座为佳。这样才能既避免与本科阶段的相关课程形成重复，又能增加教学和学习的深度。具体来说，应当增加设置有关当代中国经济、社会、文化、科技、民生、政治、民族、人口、地理、教育、环境、外交、一带一路等方面的课程和讲座。

针对中国籍专硕的中国国情知识和教学能力培养，则一方面要让学生有基于广博且较为专业、能满足在汉语国际教育中向传播对象介绍中国、进行中国国情教学所需要的中国国情知识，另一方面还应使学生具备高度的中华文化自信和爱国情怀。根据这两个目标，对中国籍专业硕士的中国国情知识要求，除了在广度和深度上要高于外籍专业硕士，还应增加爱国主义和文化自信方面的内容。有鉴于此，针对中国籍专业硕士的培养，应当增加设置有关当代中国经济、社会、文化、科技、民生、政治、民族、地理、教育、环境、外交、宗教、一带一路、涉及国情的敏感问题等方面的课程和讲座。

当然，考虑到中外专硕的课程设置空间都非常有限，上述内容全部分门开设课程或讲座的可能性很小，最可行的方法是为中外专硕各增加一门“中国国情”课程，以之涵盖两种专硕各自所需学习和掌握的中国国情知识，并为这门课程规定足够学时，同时还要规定课程在研讨、案例、实践等方面的要求，以保证教学效果。

汉语国际教育事业的实际需求和国情自身的性质特点决定了中外籍专硕“中国国情”课程所涉及的知识领域基本一致，区别主要是内容的深度和广度，以及爱国主义和文化自信方面内容的有无。中国籍学生不存在语言障碍，又是学习本国国情，学习内容在广度和深度上的要求自然应高于外籍专硕。在情感方面，对外籍学生，我们希望他们经过培养后对中国更加友好，但这主要应通过事实和知识的客观呈现来促进，不能有强制性的要求和措施，也应避免任何形式化的宣传。中国专硕则不同，爱国情怀和文化自信是汉语国际教育工作者从事汉语和中华文化传播工作的前提和基础，在中国国情类课程设置基本相同的情况下，中国专硕的相关课程在教学内容设计和教材编写中都要注意贯彻爱国主义和文化自信培养的原则。

国情教学涉及的内容多、范围广，但根据汉语国际教育工作的实际需要，在所涉及的各个知识面并不需要达到很高的专业水平，只要能够满足向教学对象说明、解释相关问题，进行教学的需要即可。因此，对中外专硕的中国国情知识的广度要求均应高于深度要求。

除了课程和讲座教学之外，不论是对中国专硕还是外籍专硕，实地教学都应成为另一种重要的中国国情知识和教学能力培养形式。以下将对此进行详述。

三、国情教学的模式

国内汉语国际教育部门对学生开展中国国情教学，实际上是在一种“沉浸式”的教学环境中进行的。与国外的同行相比，拥有实地资源是我们进行中国国情教学的最大优势。为了达成沉浸式教学的效果，应注意更好地发掘和利用实地资源。对中国学生来说，在中国国情类课程上讨论、发现的问题，随时可以联系生活中的经历、经验展开联系、比对、分析和总结，并可以在实地环境中进一步去考察。对于外籍学生来说，由于在中国生活、学习，对于中国国情类课程中所涉及的问题，他们也会有一定的经验和体会支持其进行知识与现实的联系、比对，并可以在实地环境中进一步去考察。

不过，课堂教学受限于形式和空间，对于实地资源的利用相当有限。因此在课堂教学之外，还应设置配合中国国情类课程教学的实地实习、参观、考察、修学旅行等。课堂教学和实地实习、参观、考察、修学旅行等在很大概率上无法同步进行，也有很大的概率是由不同的教师和人员分别负责，但内容上一定要相互呼应、配合、衔接，才能达成良好的效果。这涉及任课教师和学生部门、教辅部门的分工合作，应当由培养单位在培养方案中明确中国国情教学的思路，进行整体规划，通过培养方案形成制度性的保障。教指委的指导性培养方案对于各培养单位制订各自的培养方案具有权威指导性，如在修订后的指导性培养方案中增加中国国情类课程教学须有相关的实地实习、参观、考察等与之配合的规定，无疑将极大地推动各培养单位形成中国国情类课程课堂教学与实地教学相结合的模式。

2018 年 7 月 23 至 29 日，笔者所在的南开大学汉语言文化学院组织中外研究生 37 人（其中，中国专硕和学硕 22 人，外籍专硕 15 人）在上海、浙江进行了社会实践。此次实践以参观为主要形式，参观内容较为丰富。既有革命纪念、教育基地，又有一些能充分展示当代中国经济面貌、现代化建设成就的工厂、机构、展览馆等，还包括一些文化艺术展馆，具体为：嘉兴南湖革命纪念馆、中共一大会址、上汽大众安亭汽车三厂、洋山港、上海超级计算中心、同济大学风洞实验室、上海城市规划馆、上海浦东展览馆、中华艺术宫、上海自贸区保税区、南开上海校友会。

我们对参与实践活动的外籍专业硕士进行了满意度调查，在满分设置为 100 分的情况下，除 2 人分别给出了 80 分和 85 分的分数外，其他学生对活动均给出了 90 分以上的分数。

这是本院首次尝试中外学生混合组团进行社会实践。通过调查得知，参与实践的外籍专硕都非常欢迎中外学生混合组团的形式，认为一周的相处使他们增加了很多对中国和中国人的了解。

通过调查我们得知外籍专硕对于中国国情有着广泛的兴趣点，对所安排的参观场所基本都有浓厚的兴趣，并认为有实践收获。特别是很多同学认为对嘉兴南湖革命纪念馆和中共一大会址的参观有助于其了解中国共产党对中国的贡献，是此行最有收获的地方。由于种种原因，我们未能对参与活动的中国学生进行问卷调查，但根据了解，我们认为中国专硕的国情知识储备和感性认识也迫切需要提高。因此，举办这类以了解国情为目的的实践活动对中国专硕也是很有必要的，能与国情课程的教学形成很好的互补效果。

南开大学现在每年寒、暑假尤其是暑假都面向全校学生开展社会实践活动，经费支持也逐年增加，前述实践活动使用的经费来自学校的学生暑期社会实践活动专项经费，未来应当可以利用这项经费对专硕暑期国情实践活动形成制度性支持。这一经验相信在其他许多高校中也有实现的可能。前述暑期实践活动仅以参观为主要形式，未来还可根据学生的不同要求，拓展短期支教、岗位实习等其他形式。

总之，我们认为汉语国际教育硕士的中国国情知识及教学能力培养，应当采取课程、讲座与实地参观、调查、实习等密切配合的模式，也就是课堂教学配合以实地教学的模式。

四、结语

根据培养工作的实际需要，未来汉语国际教育硕士专业学位研究生指导性培养方案应当增加对学生中国国情知识方面的要求，增设中国国情类课程。其中对中国籍学生的要求在广度和深度上要更高，但不论中、外，广度要求均应高于深度要求。在相关的课程设置上，应当以专题、研讨类课程结合讲座为主，即使在课程设置空间有限的情况下，也应确保至少为中、外专硕各开设一门“中国国情”课程。在培养方式上，应采取课堂教学和实地教学相结合的形式，充分利用实地资源优势。

（本文曾于 2018 年 12 月在福州举行的“第七届汉语国际教育人才培养论坛暨专业硕士培养工作研讨会”上宣读）

参考文献：

[1]国务院学位办.汉语国际教育硕士专业学位研究生指导性培养方案[R].2007.

[2]国务院学位办.全日制汉语国际教育硕士专业学位研究生指导性培养方案[R].2009.

[3]国务院学位办.全日制汉语国际教育硕士专业学位外国留学生指导性培养方案[R].2010.

[4]孔子学院总部，国家汉办.汉语国际教师标准[S].北京：外语教学与研究出版社.2015.

敏感话题的处理原则

在汉语国际教育工作中，我们会经常面临一些敏感话题，而中华文化传播工作由于性质特殊，需要面对敏感话题的概率则更高。国际汉语教师应当具备识别和处理敏感话题的能力。

汉语国际教育工作具有跨文化交际的性质，汉语国际教育中的敏感话题，主要是指由于历史、政治、宗教、习俗等原因而产生的对于汉语国际教育中的某一跨文化交际主体有特殊意义，令其非常敏感的话题，对于这类话题需要谨慎、认真地对待和处理。在汉语国际教育工作中，国际汉语教师是跨文化交际中的一方，另外一方或多方则因每位国际汉语教师所处的具体工作环境和面对的受传者而各有不同。从这种实际情况出发，敏感话题可以根据跨文化交际主体的不同，区分为有关受传者的敏感话题和有关国际汉语教师的敏感话题。

一、有关受传者的敏感话题

1. 有关宗教的敏感话题

我国传统文化对待宗教信仰的态度比较宽容、开放，这与儒家文化的特点有很大关系。新文化运动以后，随着新思想、新观念的传播，中国人的宗教观念总的来说呈淡化趋势，在中华人民共和国成立后，这种趋势更加明显。时至今日，在中国不信仰宗教或不信仰某种特定宗教的人更为常见，中国国民的宗教意识明显淡于一些宗教氛围比较浓厚的国家和地区的人。有许多国际汉语教师会赴一些宗教氛围浓厚的国家或地区工作，在这种情况下，应特别注意与宗教相关的话题，注意尊重与当地宗教信仰有关的禁忌、习俗等。比如，在印度教的环境中，应当尊重印度教徒不食牛肉乃至食素的饮食习俗，在伊斯兰教的环境中，应当尊重当地在衣着、饮食等方面的宗教习俗和法律规定，决不可随意取笑、嘲讽。此外，也要尽量避免对方对自己的误解。比如，在某些宗教氛围浓厚的国家和地区普通民众的观念中，宗教与信仰并无区别，在这种环境中如被问及自己信仰何种宗教，直接回答自己不信宗教并不是理想的回答，因为这可能会被对方误认为是“没有信仰”，为避免误解，可用“我有一定的儒家和佛教文化背景”这样和事实并不相违的方式来回答。

2. 有关政治的敏感话题

世界上许多国家和地区仍存在着一些政治问题，严重者甚至会演化为军事冲突。比如，巴以冲突、叙利亚内战等。国际汉语教师接触政治热点话题时，首先应考虑交际的另一方是否是相关政治问题的实际当事人，如果是，一定要设身处地地考虑对方的实际感受，在既照顾对方情绪同时也不违背自己立场的情况下，选择最合理的方式进行处理，特别是在对实际情况不了解时不能轻易表态。

3. 有关历史的敏感话题

由于历史原因造成的敏感话题往往和现实中的政治热点问题有紧密联系，有的政治热点问题本身就是由历史原因演变而成。处理历史敏感话题，和处理政治敏感话题一样，要考虑对方是否是当事人，照顾对方的情绪，尊重对方的感受，在不了解实际情况之时不轻易表态。

4. 有关习俗的敏感话题

有关习俗的敏感话题往往和当地的宗教、传统文化相关。我们认为，国际汉语教师应尊重所在国和教学对象的宗教和文化，在涉及习俗的敏感话题上，要保持尊重和理解的态度。

总之，对于涉及教学对象等受传者和其他汉语国际教育交际主体的敏感话题，我们提倡的基本处理原则是保持尊重、理解、包容的态度，充分照顾对方的感受和情绪，不轻易卷入话题冲突。每位国际汉语教师的工作环境和受传者具有不确定性，为了更好地处理敏感话题，国际汉语教师应尽量通过各种方式（包括阅读有关书籍，线上查阅相关知识，向前任教师或志愿者了解，等等）提前了解自己的受传者和工作环境，了解受传者的背景文化，了解赴任国的历史、宗教、文化、政治和其他国情知识。良好的个人素质、修养和充分的相关知识准备是建立敏感话题意识、处理好与受传者相关的敏感话题的基础。

二、有关国际汉语教师的敏感话题

从工作实践中，我们发现国际汉语教师需要面对的有关中国的敏感话题很多，其中最重要的是有关台湾、“藏独”“疆独”“港独”的话题，其次是涉及中国的少数民族、宗教、人权、政治制度等方面的话题，这些话题涉及中国的主权和国家利益，需要特别重视及认真对待。此外，许多国内当前的热点问题也都具有一定的敏感性。

1. 处理有关中国的敏感话题，首要的原则是要坚持自信，即坚持对中国的发展道路、制度、文化等的自信

坚持自信原则之所以重要，首先是因为国际汉语教师所面对的舆论环境往往是不利于中国的。在世界范围内，目前还在相当程度上存在着对中国的误解和不实印象，中国的国际形象仍不够理想。造成这种情况的原因是多方面的：一是意识形态偏见。我国政治制度不同于西方发达

国家，冷战虽然早已结束，但由于政治制度和意识形态的差异而产生的对于中国的偏见在一定程度上仍然存在。二是传统的偏见。这种偏见与东西方文化差异、东方主义和历史有密切的关系，经过了一个长期的形成和发展过程，在很大程度上已经成为一种有关中国的刻板印象。三是政治原因。一些国家与中国存在因各种原因导致的矛盾、竞争和争端等，从而影响了中国在这些国家国民心目中的形象。四是传播媒介的影响。在国际上，普通民众有关中国的信息主要来自各种传播媒介尤其是大众传播媒介。世界上影响力最大的传播媒介主要来自发达国家，而这些媒介自身的政治立场决定着其对中国的态度，影响到其有关中国报道的内容和立场，进而影响其受众的中国印象。前述三种原因造成的对中国的偏见，最终也大多是通过各种传播媒介，对普通民众造成了事实上的影响。

基于对中国海外形象现状的判断，笔者一直认为，汉语国际教育的中华文化传播工作，首要目标是要澄清、消除对中国的误解和不实印象，展示客观、真实的中国，改善中国的国际形象。

只有对中国的文化、制度、发展道路充满自信，才能真正做好中华文化传播工作。但在不利的媒体和舆论环境中，要做到坚持对中国的自信并不容易，需要有意识地予以加强。具体来说，可以从以下几方面入手。

（1）加强相关的背景知识学习。在不利的媒体和舆论环境中信心动摇，一个重要的原因是对所涉敏感话题的相关背景知识缺乏了解，因此缺乏坚定的立场。国际汉语教师应当主动了解、学习、掌握有关我国台湾、西藏、新疆、香港等方面的政治、历史知识，对于其他在中华文化传播工作中易涉及的敏感话题，包括国内的热点问题等，也应保持关注，这是中华文化传播工作的特殊性所要求的。有了丰富的知识背景，才能更好地确定和坚持自己的立场，有助于建立信心。

（2）主动了解、掌握中国官方对于相关敏感话题的观点、态度和表述口径。多数敏感话题都涉及国家重大利益，参考官方的观点、态度和口径，可以帮助我们坚定立场并完善自己涉及相关敏感话题时的表述，更好地维护国家利益。

（3）拓宽视野，加强思辨。汉语国际教育中的中华文化传播工作是在国际环境中进行的，这要求汉语国际教师必须具备一定的国际视野。视野越开阔，越有利于我们在具体的敏感话题上加强横向对比和分析，有利于更好地认识相关敏感话题，明辨是非，增强信心。例如，世界上许多国家都存在着一定的领土争端、区域独立运动、民族分离主义等方面的问题（如加拿大的魁北克、英国的北爱尔兰和苏格兰、西班牙巴斯克等地区均有一定的独立倾向，英国和西班牙在直布罗陀、英国和阿根廷在马尔维纳斯群岛上均存在领土争议），均有其历史、政治和其他各方面的具体原因，各国（包括当事方和非当事方）对待相关问题的具体态度也均体现其现实的政治利益考虑。处理一些涉及中国的敏感话题时，与国际上类似的相关问题做横向对比分析，有利于我们更加理智、成熟地认识相关问题的实质，从而坚定自己的立场，不轻易地受任何一种舆论声音左右自己的认识。

2. 处理有关中国的敏感话题，要坚持以国家利益和民族尊严为底线的原则

维护国家利益和民族尊严是国际汉语教师的责任。处理任何一个敏感话题都不应违背维护国家利益和民族尊严的原则。坚持这一原则，有利于我们在面对具体的敏感话题时确定自己的立场、态度和口径。当然，

在坚持这一原则的前提下，处理具体的敏感话题时在表达方式、方法上可以有一定的灵活性，以尽量发挥自己的优势，达到最佳效果。

3. 处理有关中国的敏感话题，要坚持明确表态和尊重他人意志的原则

面对涉及国家利益、民族尊严和国家形象的敏感话题，国际汉语教师应当在第一时间明确表明自己的立场和态度，不能含糊其辞，但也不能强求对方必须同意或认可自己的看法。我们要做的，是从消除误解和维护国家形象角度出发与对方做沟通，明确表明自己的立场和态度，讲述自己所知道的相关信息，解释自己的立场和观点，同时也应当尊重对方保持自己观点的权力。但如果遇到明显歪曲事实的情况，则应据理力争，对于针对中国的恶意中伤、污蔑和诽谤，应根据事实予以驳斥。消除误解和不实印象，帮助传播对象建立基于客观、准确信息的中国国家形象是一项艰巨的任务，需要国际汉语教师和其他各方面的长期共同努力。在从事这一工作时，一定要有充分的耐心，要注意遵循平等交往的原则，既不可一味迁就对方，也不能强求对方与自己观点一致。一旦破坏了沟通的基础，反而会对以后开展工作更加不利。

4. 处理有关中国的敏感话题，要坚持服从具体工作需要、适时适度的原则

我们处理敏感话题，是为了更好地传播汉语和中华文化，改善中国的形象，而不是为了处理敏感话题而处理敏感话题，因此敏感话题的处理始终要服从具体工作的安排和需要。国际汉语教师可能遭遇有关中国的敏感话题的场合有许多种，应当根据具体的场合采取具体的方法，以不影响、不破坏正常的教学计划为佳。例如，如果在语言技能课上有个别学生临时提出涉及中国的敏感话题，教师明确表述自己的相关观点、

态度即可，不可无限展开讲解和辩论，以免偏离课程主题，影响课程正常进度。如学生追问，应告知其继续讨论会影响课程计划，影响其他同学的学习，可在课下与老师单独讨论。除非是教学计划里确有相关安排，笔者不建议教师在教学中主动涉及，特别是临时主动涉及有关中国的敏感话题。如果因为教学以及其他原因，需要专门安排涉及中国的敏感话题的讲座、课程教学、活动等，则要精心准备，确保有好的效果。

5. 处理有关中国的敏感话题，要坚持实事求是的原则

要以事实为依据，既不可妄自菲薄，也不可一味自我美化。任何国家都不是完美的，中国仍是一个发展中国家，也有许多不完美之处。一些敏感话题涉及的负面内容如果确实属实，也没必要否认，而是要给出合理的解释，尽量令其不对传播对象的中国印象造成负面影响。但笔者不建议国际汉语教师主动展示有关中国的负面内容。（不主动展示有关中国的负面内容，也是我们在中华文化传播工作中应当遵循的原则。）按照实事求是原则，在处理有关中国的敏感话题时，如果对话题所涉及的内容缺乏了解，应当明确告诉对方，切不可在缺乏了解的情况下进行解释，错误的解释极容易带来负面效果，有时影响甚至十分严重。

国际汉语教师面对敏感话题的场合可能是在课堂上（包括语言技能课和专门的文化课），也可能是在日常的人际交往中，不管是在哪一种场合，都应尽可能地处理好。一位国际汉语教师在应对敏感话题时所表现出的原则性和良好的知识、素质基础，本身就是应对敏感话题的资源，会对传播对象心目中的中国形象建构产生影响。

（未刊稿，系根据笔者讲授“中华文化与传播”课程的讲义整理）

新型冠状病毒肺炎疫情与中华文化传播工作的前路

2020年，新型冠状病毒肺炎疫情席卷全球。截至笔者写作本书时，已经可以断言，新冠疫情是一次重大的历史事件，将会给世界带来深刻、持久的影响和改变。汉语国际教育由于其自身性质，毫无疑问将会是受影响较大者。

一、新冠肺炎疫情与汉语国际教育的规模波动

新冠疫情暴发以来，出于防疫需要，各国纷纷采取限制或暂停来自疫情严重国家公民入境及减少甚至暂停国际人员往来的措施，国际人员流动规模大幅下降。目前科学界的主流观点认为，新冠病毒将长期存在，因此在疫情解除之前，包括国际交往限制在内的一些防疫措施也将在世界范围内长期存在，这将对国内汉语国际教育部门的招生带来重大影响。可以预见，在疫情解除之前，国内汉语国际教育部门的在籍学生数量将会呈现下降趋势，学生人数的减少势必也会影响到汉语国际教育部门的师资招聘计划，因此笔者判断国内汉语国际教育的规模在新冠病毒疫苗上市之前将会出现一个低谷。根据我们的调查，留学生来华学习汉语的最大动机是就业需求，这种学习动机与各国的汉语人才需求、对华经济合作和贸易需要密切相关。目前新冠肺炎疫情已在全世界范围内引发了经济衰退，即使疫情消除，经济的复苏仍需要一个过程。在世界经济开始复苏后，汉语学习者的人数会随之逐渐恢复，但不太可能出现快速的

反弹。笔者预计，国内汉语国际教育部门的学生人数恢复到2019年底的规模需要三至五年。国际上的汉语学习者人数和对国际汉语教师的需求，也将经历类似的低谷，并需要同样的时间来恢复至原有的规模。

在这一周期内，将有部分国内外商业汉语教学机构迫于成本和经营压力主动缩小规模甚至停止办学。汉语国际教育人才的培养也将随之受到影响，国内部分院校可能会暂停甚至停止汉语国际教育本科或专业硕士培养。而全球孔子学院和孔子课堂的发展，也将会受到巨大影响，这种影响将主要体现在学生数量和每年新增孔院、孔子课堂数量的变化两个方面。

新冠肺炎疫情对汉语国际教育造成了严峻挑战已是不争的事实，在这一局面下，借此机会调整、完善汉语国际教育的各个方面，为今后更好发展创造有利条件不失为化挑战为机遇的上佳选择。

一个时期以来，国内汉语国际教育的发展势头迅猛。仅以汉语国际教育专业硕士的培养为例，从2007年首批24所高校获批成为培养单位以来，短短十几年间，目前拥有招生权的院校已达149所，每年毕业生数量远超汉语国际教育的实际需要。世界范围内汉语热的存在确实是事实，但“热”到何种程度，具体需求是什么，需求量有多少，实际上一直没有相关科学、严谨的调查和研究。汉语国际教育的发展，存在一定程度的水分和盲目性。在新冠肺炎疫情的背景之下，利用市场的优胜劣汰，挤出水分，借机从量的发展转向质的提高，有利于汉语国际教育今后的健康发展。

二、新冠肺炎疫情与汉语国际教育的新机遇

疫情期间，汉语国际教育原有正常教学、答辩、考试等均被迫转为

在线上进行。如果疫情常态化使国际人员往来继续受限，线上教学可能还要持续一段时间。对于已经在籍的学生来说，这一教学方式转变的影响还在可接受的范围之内，但线下教学不能恢复将对汉语国际教育部门的招生造成巨大影响。汉语国际教育部门的国际招生按学费来源区分主要有自费和公费两种生源，从学历角度区分有学历生和非学历生两种生源。疫情之下，自费和公费两种生源都将受到影响，但受影响更大的将是自费生源。公费生的培养具有一定的契约性，一旦申请人得到资助，不管教学方式有怎样的变化，原则上均需按资助方案规定完成学业。自费生则有更多自主性，如果教学方式不是线下教学，甚至不能来到校园生活、学习，必将影响学生的入学选择。在此情况下，包括汉语国际教育在内，全球高校国际自费生招生都将遭遇挑战。学历生和非学历生中受疫情影响更大的则是学历生源，非学历生即进修生没有学位的要求，学习目的较为多样化，相对更容易接受线上教学。学历生对教学正规性的期望则要更高，如果无法开展或保证安全地开展线下教学，潜在的入学申请人及其潜在的未来聘用者难免都将对培养质量产生疑虑，基于这样的考虑，大多数申请人将以教学方式是否为线下教学，或线下教学是否安全，作为选择入学申请对象时的首要考虑因素。在这种因素影响下，全球范围内的国际学历生入学人数将会经历一个下降的阶段，汉语国际教育的招生也不会例外。

自费学历生招生和在学人数一直是反映汉语国际教育部门留学生招生和培养现状、水平真正的晴雨表。可以预见，这一类学生的招生和在学人数在未来几年内将会出现一个低谷。各汉语国际教育部门需要做的，是根据客观情况，努力完善和提高线上教学的质量，在现有教学条件下，尽全力确保培养质量及正规性，扩大和海外高校的合作，以高质量的线上教学完成原有的交换交流培养计划，并承接新的交换交流项目，开设和提供更多的线上教学和培养项目、方案，耐心等待恢复正常教学的时机。在未来疫情解除，正常教学方式得到恢复之后，仍应保留线上教学方式作为与线下教学平行的另一种选择向全球汉语学习者开放。相信疫情之后，线上教学作为汉语国际教育部门的新增常态化教学模式，将为全球汉语学习者提供新的学习方式和机会选择，也将为汉语国际教育部门提供新的发展机遇。

三、新冠肺炎疫情与中华文化传播工作

疫情发生以来，汉语国际教育界出现了应当“聚焦语言教学这一核心业务，文化活动需要淡化”① 的声音。笔者不同意这样的观点。汉语国际教育的性质决定其天然具备交流、传播文化的功能，文化和语言的传播也起着相互促进的作用。在疫情全球肆虐的情况下提出“文化活动需要淡化”，自然和目前一些国家的政客对中国提出指责，要求中国为疫情负责的背景有关。但如果真做出这种改变，难免令人产生中国汉语国际教育部门已经默认中国是造成新冠肺炎疫情全球大流行的罪魁祸首的感觉。

新冠病毒溯源工作仍在进行中，尚无定论。截至目前，已有多国发现本国开始出现新冠病毒肺炎病例的时间比原来已知的要早得多。例如，法国上莱茵省科尔马市的阿尔贝·施韦泽医院证实“该医院团队在来自2019年11月份一批患者的胸片底片中发现了新冠病毒痕迹。并且他们认为早在2019年11月16日，该医院的部分患者就感染了新冠肺炎”②。而

① 王辉:《国际中文教育面对疫情影响的应对策略》,《中国社会科学报》2020年4月17日。

② 新浪网:http://k.sina.com.cn/article_6049590367_168956c5f01900rgm5.html? from=mil.

《柳叶刀》流行病学回顾调查表明武汉首位新型冠状病毒肺炎确诊病例是在2019年12月1日发病。

调查新冠病毒的来源以及新冠肺炎疫情是如何发生的是严肃的事情，应由专业的科学界团队负责。在正式结论出来以前，任何无根据的猜测和推断都不足以作为相关重大决策的依据。更何况，其他各国的疫情大爆发都开始于2月中旬以后。中国在发现不明原因肺炎后在最短的时间内向世卫组织和美国等国家进行了通报[①]，并于1月23日对武汉采取封城措施，向全世界发出了明晰的信号。即使从武汉封城算起，中国也给了其他国家一个月左右应对疫情的准备时间。在疫情的全球扩散问题上指责中国、将责任全部推到中国身上是说不通的。

就防疫措施来看，不可否认，疫情初期，武汉市和湖北省在疫情处理方面确实存在一些问题，但这些问题与疫情初起时人们缺乏对新冠病毒的了解以及由此导致的惊慌有很大的关系。其他各国后来在应对疫情时，也均或多或少地出现了各种失误。在中国对武汉采取封城措施时，国际上批评中国的一些防疫措施妨害个人自由、侵犯人权者大有人在，但随着疫情在世界各地相继爆发，大部分出现疫情的国家最终都采取了和中国类似的戴口罩、封城、禁足、限制社交等防疫措施。即使是早期曾在各种媒体和网络社交平台上被广泛称誉为疫情控制得力的一些国家，后来也均因感染人数的增加不得不采取了各种严格的防疫举措，中国当

---

① 2019年12月27日，湖北省中西医结合医院张继先医生首次上报不明原因肺炎病例。根据中国疾控中心流行病学首席专家吴尊友2020年4月27日在国务院联防联控机制新闻发布会上的介绍，2020年1月3日，在尚不清楚病因的情况下，中国向世界卫生组织和美国等国家通报了武汉出现不明原因肺炎的情况。1月9日，中国分离了病毒，认定新冠病毒是造成不明原因肺炎的病原体，并于当日将这一结果通报给世卫组织，并和国际社会相关国家进行了分享。1月12日，中国将病毒的基因序列向世卫组织分享，同时把整个基因序列上传到全球流感数据库，世界各国就可以按照这个基因序列来生产诊断试剂，这是中国对世界控制新冠肺炎最大的贡献。

初的防疫举措也正在世界上得到越来越多的理解。现在回顾全球疫情，可以说中国的防疫工作水平属于上乘，并且为世界提供了防疫经验和防疫措施的范本。因此，我们目前既不必背负疫情全球扩散的责任包袱，更不必因为疫情期间中国的各种防疫举措而产生任何自卑情绪。随着人类对新冠病毒认识和对疫情起源真相探索的不断深化，人们对谁该为疫情负责以及对各国应对疫情措施的认识，终将会回归理性和公允。在疫情形势下，包括中华文化传播在内，汉语国际教育各种工作的基本目的均应是尽全力消除疫情带来的冲击和负面影响，保持汉语国际教育总体上的正常运行，而不应在缺乏可靠依据的判断基础上自己主动削减中华文化传播这一汉语国际教育的重要职能。

国际经济、文化联系和交流日益紧密是当今世界的发展趋势，长时期以来跨文化交际和跨国文化交流需求的不断增长即是这一趋势的体现。新型冠状病毒肺炎疫情的爆发暂时打断了国际正常交流，但只要世界向前发展，跨文化交际和跨国文化交流需求增长的总体趋势就不会改变。

目前疫情在一定程度上加深了各国之间的不信任，放大了文化差异，一些国家在民众之间甚至因为疫情产生了相互敌对的情绪。在此情况下，人类更需要加深相互理解，开展文化交流的重要性并没有降低，而是增加了。与此同时，疫情也使人类面临着共同的境遇，经历了同样的惶恐，有了共同的话题，给了人类加深相互理解的机会。中华文化中的整体性思维和集体主义传统对于世界的价值在此时更容易被认识到。[①] 中华文化传播作为体现汉语国际教育文化交流功能的重要手段，不论是在疫情期间还是疫情之后，都不仅不能“淡化”，反而应该予以加强。

---

① 一些知名国际汉学家如安乐哲、郝大维、罗斯文等早已认识到并阐释了中国传统文化对于当今世界的价值。

四、中华文化传播工作的前路

疫情解除之后，安全性仍将成为海外求学的重要考虑因素。同时，疫情期间形成的对线上教学模式的习惯甚至依赖，也会在很大程度上影响学习者前来中国留学的选择。在线上学习的选择越来越丰富，学习者的学习习惯和心态均发生一定变化的情况下，汉语国际教育部门如何吸引学习者回到线下课堂和来中国求学，是我们不得不考虑的问题。

线下教学在学习氛围、效率、沟通便利程度等方面有线上教学无可比拟的长处，但线上教学也有其在便利性、个性化、定制化和价格等方面的优势，两者对比可能会令学习者在选择时难以轻易做出决定。但线下教学尤其是国内汉语国际教育部门的线下教学，在面对面交际、文化氛围、沉浸式文化体验等方面具有的优势则是线上教学所无法提供的，因此如果再考虑到文化学习的因素，则学习者选择到中国实地接受汉语国际教育的概率就要高得多。但不管是从提高线下教学的效率和质量的角度出发，还是从作为线下教学的替代和补充的角度考虑，疫情解除之后，线上教学的存在均应常态化，这对相关教学资源的质量和数量提出了更高的要求。

长期以来，汉语国际教育的文化教学资源建设始终落后于语言教学资源建设。这既体现在教材种类、数量、质量、编写理念等方面，也体现为相关多媒体资源、数据库建设的滞后。以国情课程“中国概况”为例，这门课程对教材和教学资源的时效性要求极高，但教材的换代速度一直不能完全满足教学实际需求，加之现有高质量教材不多，因此可供选择的余地很小。这门课程尤其需要配合教学的多媒体资源，但相关的专用多媒体教学资源非常缺乏。目前，各文化课程所需的多媒体资源普遍存在数量少、更新慢的问题，在画质、音质、效果等方面更远逊于近年来新拍摄的一些纪录片。为提高教学效果，笔者在自己所承担的一些文化和国情课程中更多地选用《航拍中国》《如果国宝会说话》等纪录片来配合相关教学。文化课程由于其特点，有一定的体验需求，由于种种实际条件的限制，这些体验需求原本就有很大一部分需由观看多媒体资源来解决。在疫情期间和疫情解除后的一段时间内，现场体验将受到更多的限制，更多的文化体验将不得不通过观看多媒体资源来完成，因此加强相关多媒体资源建设已是极为紧迫的需求。多媒体资源的建设，并非只有独立开发一条途径，应注意利用已有的优质多媒体资源，如央视的纪录片《航拍中国》就可以作为中国地理知识教学的很好的多媒体补充材料，《超级工程》则可以作为中国工业、农业、科技等国情知识教学的补充材料。这类优秀的纪录片，其制作一般均属国内顶尖水平，我们自己独立制作的同类多媒体资源，在技术和质量上很难超越它们。因此在解决知识产权问题后，对其加以改编、利用，不失为一种高效、快捷的多媒体文化教学资源建设途径。

包括教材在内的其他文化教学资源建设也应大力加强。教材建设的加强，首先应体现在种类、内容和形式的丰富上。既要编写丰富的针对不同文化课程的教材，又要有适用于不同年龄、不同学习目的人群的各种文化教材，还应有电子教材、双语或多语对照教材、学习者母语教材、多媒体教材等多种形式的教材。文化学习是知识性学习，课程并非唯一学习渠道。因此在教材之外，还应开发出针对不同年龄段、不同人群的各种中华文化读本、绘本。加强文化教学资源建设，还包括编写理念的改进。除了过去一直提倡的本土化、国别化教材编写理念，教学资源的建设，还要注意时代性，在传播中华文化的同时，也要注意体现文化平等、文化交流的意识。总之，在当前以及疫情解除后的相当一段时间内，教学资源建设都应成为中华文化传播工作的重点。

世界终将走出疫情，随着疫情的解除，汉语国际教育将回归正常。真正决定中华文化传播工作前路的，仍是汉语国际教育自身的性质、需要和发展规律。

（未刊稿）

案例篇

谈提高本科留学生的入学门槛

最近有报纸报道，由于中国大学为外国留学生设置的入学门槛太低——高中毕业、持 HSK 证书、有外国护照，就有资格以外国留学生身份申请进入中国大学，因此近年来许多学习成绩不佳的国内高中生“曲线高考”：办外国护照，然后以留学生的身份申请入国内大学读书。

其实在我们的教学中，由于招生门槛低所带来的问题更多、更严重，现在已经是应该认真思考并改变这种局面的时候了。

一、留学生特别是本科留学生的学习情况及素质状况不能令人满意

以南开大学汉语言文化学院的留学生为例，无论是进修生还是本科生，其学习及素质情况目前整体上都不能令人满意。进修生并不属学位教育，要求还可以低一些，但是作为正式的国家学位教育体制内的本科留学生，这方面的情况是值得严重关切的。下面笔者就自己平时所见到的，列举一些本科留学生的不能令人满意的情况：

1. 学习态度不认真，学习成绩差

其比较突出的表现有：

（1）迟到、旷课现象太多。为了能参加期末考试，许多学生旷课之后又想方设法去医院或教学办公室开病假条、事假条。其病情和事假理由当然几乎都是假的。

（2）上课不认真。如经常有人上课忘带或带错课本，其中一些学生

甚至会在同一个学期、同一门课上多次犯这样的错误。有的学生上课不认真听讲，上这门课准备下门课的作业、考试，有的更是在课上随意做其他事情。

（3）学习成绩和学习效果差。有的学生到了二、三甚至四年级还不知道自己的班级、专业、学院的正确名称，在填表、写作文和考试填写题头时，这些内容填得错误百出。有的学生在学期初出现的错字和语法、发音错误，经教师反复纠正、提醒之后，依然不断重复出现，直至期末，甚至毕业。有的学生到了三、四年级，口语还是只能使用极少的词汇，发音也比较差。有的学生参加毕业论文答辩时，连教师的问题也听不懂，将问题写在纸上交给他/她，还是看不懂。

（4）作弊现象层出不穷。许多本科生从一年级一直到四年级，考试一有机会就作弊。除了考试之外，在毕业论文上作弊的学生也很多。有的东抄西抄，拼凑论文；有的自己不写，请中国朋友代笔。

2. 在品质、日常行为方面常有素质不高的表现

其比较突出的表现有：

（1）不遵守学校、学院的规定，不尊重老师。违反学院考勤和考试纪律的情况已如前述，其他方面的违规现象也时有发生。如院里规定上课时学生不能戴帽子，但总是有学生无论是上课还是考试，从来不摘帽子，其中有的人将帽檐压得很低，使教师很难看清其表情。有的学生在课上提问时很不礼貌，口气和态度都十分生硬，近乎质问。

（2）在生活中有许多不良行为，给学院及学校形象带来不良影响。当然，并不是所有的本科留学生都如以上所言，品学兼优、表现突出者也大有人在。不过总的来说，上面所说的各种情况在本科留学生中并不少见。这样学习差、素质不高的学生走向社会之后，将会影响学院和学

校的声誉，对学校的招生也会有不利的影响。

二、招生门槛低是造成本科留学生学习成绩及素质状况不理想的主要原因之一

上面所谈的本科留学生的学习及素质问题，其主要原因并不在于培养单位的教师与教学，而在于招生门槛太低。比如南开大学汉语言文化学院的本科生招生简章对于报名者要求如下：

招生对象：凡持有外国护照，年龄在18周岁以上，具有相当中国高中毕业及以上学历的青年，均可报考。

报名条件：①持有HSK3级成绩者，免试入学。

②持有HSK6级成绩者，且在正规大学学习一年以上者（包括进修）可直接插入三年级。

③无HSK成绩者，需参加入学考试。

报名所需材料：①高中毕业证书及成绩单（或最高学历证书）复印件。

②汉语水平考试证书（简称HSK证书）。

③本人近期照片四张，并出示本人护照。

④报名费300元人民币。

入学考试也是汉语测试，因此这个招生门槛，其最基本的要求就是两点：高中毕业及以上学历和初级汉语水平，这实在是很低的。首先，通过HSK3级考试并不是很难，入学考试难度也不大。其次，只要是高中毕业就可以报考，没有对高中学习成绩的要求。许多国家的高等学校在招收本科留学生时，会将报名者的高中学习成绩及其他表现列入考查范围。比如，笔者所了解的约旦大学，招收本科留学生时，要求报名者

的中学学习成绩、毕业考试成绩及评语都达到相当于被录取的约旦学生的平均水平。再次，报名材料要求也不是很严格，如报名所需材料中有“高中毕业证书及成绩单（或最高学历证书）复印件”，这里如果让报名者提供经毕业学校教务部门予以盖章证明了的复印件会更正式、更可靠一些。

招生要求不高，学生质量自然难有可靠的保证。手续上不很严格，也容易使学生产生放松心理，不重视被录取的意义，会影响其入学后的学习态度。

当然，许多发达国家的本科教育对于留学生的招生门槛也很低。但是欧美等发达国家的本科教育，其策略是“宽进严出”，毕业的门槛是很高的。并且，不菲的学费使得留学生报名时必须慎重考虑，完善的奖学金制度则激励其在校期间努力学习。我国的本科教育近年来虽不断改革，但实际局面其实还主要是“严进宽出”，在“严进宽出”的教育策略下，入学门槛的意义是极为重要的，它不但保证着生源质量，也使学生从入学之初就有成就感、自豪感和自信心，并鼓舞、激励着他们产生积极认真的学习态度。我们当前的留学生本科教育，在招生上是宽进，却基本上做不到严出，于是实际上常常成了“宽进宽出”。因为以上的种种原因，出现了很多本科留学生上了南开却毫无自豪、自信与成就感的情况，出现了许多学生学习态度不认真、毕业生良莠不齐的情况。当然，类似的情况不仅仅出现在南开大学一家。

三、新的形势要求改革本科留学生招生策略，提高招生门槛

我国高校对于外国本科留学生的招生门槛比较低，这是长期以来的现象，有历史的原因。

世界上一般国家都把吸引留学生作为教育政策之一。影响力强的国家，对留学生的吸引力也强，影响力小的国家，对留学生的吸引力也小。过去我国国力较弱，在世界上的影响力也较小，学习汉语及来我国留学的人都比较少。为了扩大我国的影响，吸引更多的学生学习汉语，来华留学，包括本科教育在内的海外教育门槛自然就要设定得低一些。此外，很长的一段时间内，我国对外国留学生的培养很大程度上还有援外的性质。

今天，我国的国力及影响力都大大增加了，并且未来随着国力的不断增强，中华文化在世界上的影响力还将日益增加，我国国民对本民族语言、文化乃至教育、科技等各方面的自信心都会前所未有的增加。在这种情况下，提高本科留学门槛，摆脱过去的俯就及援外形象，树立良好的海外教育形象，正符合未来的留学生教育发展趋势。如果不做改革，则必将逐渐落后于形势。

除了俯就、援外的心态外，造成本科留学生入学门槛低的另外一个原因是创汇意识。改革开放之初，我国经济比较落后，留学生学费高，并且直接交纳外汇，这对招生部门乃至整个教育系统来说，都是值得看重的一笔收入。于是为了保证并增加外汇收入而降低入学门槛以吸引更多的留学生就显得很正常。但是到今天，这种外汇收入对于招生单位和教育系统的重要性已经大大减弱了。如南开留学本科生的学费在改收人民币以前，一直是每学年 2400 美元，这在 20 世纪 90 年代初期看起来确实比较可观。但是到了现在，国内有些三本院校，其学费标准已经超过了这个数目。从全国来看，我国外汇储备已经突破了 1 万亿美元[①]，居世

---

① 这是 2006 年的情况。根据中国人民银行 2020 年 5 月 7 日公布的数据，截至 2020 年 4 月末，中国外汇储备为30 914.59亿美元（现折合约 21.08 万亿元人民币）。

界第一位，加之人民币也在不断升值，因此留学生学费收入在为国家创汇方面所起的作用已是微不足道的了。正因如此，许多院校留学生的学费已改收人民币。本科海外教育的学费收入与国内普通高等教育的学费收入，无论在金额上还是在性质上，差别都在缩小，已经几乎没有什么特殊性。所以在国家经济迅速发展的今天，本行业与高等教育系统的其他部门一样，尽管还不能完全不考虑学费的创收性质，但首先要确保的是教育的质量。

总之，随着我国国内形势的发展，过去主导本科留学生招生策略的俯就、援外、创汇意识，今后应让位于质量意识。本科留学生教育今后应努力向更加良好的方向发展，求质应取代求量成为首要目标。为此，招生指导政策应予以改革，招生门槛应逐渐提高。

四、近两年来留学生数量的下降及我们应采取的对策

目前在全国范围内，对外汉语教学仍然处于一个大发展的局面，表面上看起来行业竞争在加剧，在这个时候提出提高留学生入学门槛的问题，似乎不太合时宜。不过，仔细分析近几年来的情况就不难看出这繁荣表面背后的隐忧。如南开大学汉语言文化学院的招生规模，在2004至2005学年达到历史最高峰，之后几个学期的招生均比预期的要低。类似的情况近两年来在国内许多其他高校中也都存在，这是很值得注意的一种现象。

从南开大学汉语言文化学院的情况和其他院校的情况来看，留学生数量的减少主要是因为韩国留学生数量在下降。

自20世纪90年代中期至今，韩国留学生一直在来华外国留学生中占据最大的比例，因此韩国留学生数量的变动就会引起全国留学生整体

数量的变化。但是，近年来韩国留学生减少的原因，国内还没有人认真地进行过全面调查和分析。从世界范围来看，争抢教育资源是一个日渐发展的趋势。凡是有一定教育能力的国家，都绝不会甘心本国的生源长期大量流失到别国。韩国现在经济比我国发达，教育方面也暂时优于我国，韩国学生之所以大量来我国留学，主要的原因一是因为我国高校的学费和生活费相对较低，二是随着我国经济的飞速发展和中韩交流的增多，韩国对汉语人才需求增多。但是，学汉语的人都到中国来学，一定不是韩国教育界所乐意看到的，与其如此，何如加大韩国国内的中文专业建设，扩大其招生规模呢？因此笔者认为，毫无疑问，韩国的教育部门将大力加强自身的建设，继续从我们的手中争走更多的生源。

此外，目前韩国国内对于留学中国的态度发生了转变。有学生曾向笔者反映，韩国国内目前有一种歧视留学中国行为以及歧视从中国留学归国人员的现象。该学生为此而担心毕业后找不到工作或是在工作中被歧视，犹豫是否应继续在汉院学习下去。还有的学生告诉笔者，一家韩国电视台到北京制作了一个反映韩国留学生在中国生活实况的专题节目，节目揭示了北京韩国留学生的大量的阴暗面：许多留学生几乎从来不去课堂，白天睡觉，晚上去网吧或酒吧；韩国学生集中的学校和公寓附近的网吧里 24 小时都挤得满满的，里面都是打游戏的韩国学生，酒吧一到晚上 8 点钟以后也坐满了喝酒的韩国学生……节目在韩国播出后引起了巨大的反响，人们纷纷讨论留学中国到底有没有必要。

社会舆论不会无缘无故地产生。长期以来，来华留学的韩国学生良莠不齐，虚掷光阴、荒废学业的现象一直存在，一些学生甚至沾染上了饮酒无度、沉迷于网络游戏这样的坏习惯，而造成这种情况的一个很重要的原因，恰恰是因为中国的留学生招生门槛太低。

目前，韩国国内针对留学中国的批评和反思已经造成了对留学中国行为及其群体的整体形象的一定伤害，也伤害了中国的本科海外教育及留学环境的形象，其影响的转变和消失需要很长的时间，甚至有升级的可能性。因此，未来一段时间内，韩国学生来华留学的决心及家长送子女来华留学的决心都将受到很大的负面影响。

还有一个原因，是近几年来韩国的汉语人才出现了饱和的局面。尽管这也许并不是真的饱和，只是人才消化的问题，但是同样会影响到选择来中国学习汉语的学生的人数。

根据以上的三点原因可以预言，今后的一段时间，来华留学的韩国学生人数很可能还会持续下降。在这种情况下，最好的应对措施是提高我国海外教育的质量，塑造良好的形象以增加吸引力和竞争力。从长远来看，这也是我国海外教育的发展所必需的。而在目前的情况下，提高本科留学生的招生门槛无疑是我国海外教育提高质量，改善形象的最急迫、最现实可行的措施。因此，在目前对外汉语教学行业竞争日益加剧，生源却不见增加的情况下，提高本科留学生的招生门槛反而是增强竞争力的最有效的方法之一。

五、结语

我国本科海外教育尤其是语言教育在国际上的优势有三点：一是中国及中国的语言与文化在世界上有特殊的魅力，二是学费低，三是留学中国前景光明。这三点短期内都不会改变，这决定了中国本科海外教育拥有长期发展的良好基础。

提高本科留学生的招生门槛短时期内很可能会造成学生人数的下降，为了保证教学规模不受太大的影响，可以加强进修生、短期班的招生来弥补本科生数量可能会出现的下降。从长远来看，为了中国本科海外教育的发展，还是应该尽快提高本科留学生的招生门槛。

（本文作于2006年，一直于笔者电脑中沉睡。近年来来华外国留学生素质问题逐渐成为社会热点问题，甚至多次掀起轩然大波，此时发布本文，无证明笔者有先见之明之意，而是希望借此强调汉语国际教育必须遵循教育的一般规律。所幸近十年来笔者所在学院管理水平不断提升，本文中所述情况得以不断改善，今昔对比，令人欣慰，但其中教训与经验仍甚有值得反思与探讨的必要）

“新四大发明”对中华文化传播的价值和启示

“新四大发明”指的是高速铁路、支付宝（实际上指的是以支付宝为代表的移动支付）、共享单车和网络购物。这一概念及其出现的过程对于汉语国际教育的中华文化传播工作来说，具有重要的价值和启发意义。

一、“新四大发明”的概念是如何出现的

2017年5月，“一带一路”国际合作高峰论坛在北京举办前夕，北京外国语大学丝绸之路研究院就“一带一路”中的“民心相通”主题发起了一次留学生民间调查，随机采访了二十多个国家的几十位外国留学生，只问一个问题：“你最想把中国的什么带回祖国?”留学生们谈得最多的是高速铁路、扫码支付、网购等，其中一位来自罗马尼亚的男同学语出惊人，认为“新世纪中国有新的四大发明”，分别是畅通的4G（第四代移动通信技术）网络、高速铁路、支付宝和共享单车。受到这个新鲜提法的启发，丝绸之路研究院于是在北京外国语大学“一带一路”沿线国家的留学生中做了调查，调查哪些是他们心目中的中国的“新四大发明”，结果排序前四位的分别是高速铁路、支付宝、共享单车和网购。“新四大发明”这个说法就此诞生。①

“新四大发明”的提法出现后，迅速受到国内外各界的关注，北外丝

① 京华时报:最想把什么带回国？外国学生选出中国“新四大发明”。腾讯文化，https://cul.qq.com/a/20170512/018936.htm.

绸之路研究院制作的调查专题视频在《人民日报》官方“微博”“微信”首发后，引起热烈反响。新华网、“一带一路”国际合作高峰论坛官方“微信”、光明网、中新网、凤凰网、环球网、《参考消息》官方“微博”、国务院国资委新闻中心官方“微博”等媒体在显著位置对该视频做了转载或评论。到5月11日，该视频浏览量已超过1600万次。[①] 2017年8月6日的中央电视台《焦点访谈》栏目也特意制作了一期名为《外国人眼中的“新四大发明”》的节目，在片头引用了北外丝绸之路研究院调查专题视频的片段。[②]

“新四大发明”所指的高速铁路、移动支付、共享单车和网络购物，其实都不是由中国人发明的，这是它与“四大发明”的最大不同之处。它之所以引起国人的重视，其中很重要的原因在于这一提法对于总结当代中国文明成就，加强中华文化传播工作的效果无疑具有极其重要的价值和启发意义。而这一概念并非由与外国学生接触机会最多的汉语国际教育工作者所提出，对汉语国际教育界来说，也不能不说是一个遗憾，这其中的原因值得反思。

二、“新四大发明”是可以向世界传播的当代中国文化成就

多年来汉语国际教育界公认的中华文化传播工作的不足之一是所传播的中华文化中传统的内容多，当代的内容太少。对此笔者曾在另文中做过分析：“综观20世纪90年代以来国内所出版的对外汉语教材，可以看出，不断加强对当代中国国情和文化的介绍是其中非常明显的趋势。”

① 北京外国语大学丝绸之路研究院：丝绸之路研究院策划制作“中国新四大发明”视频，引发热烈反响。北外新闻网，https://news.bfsu.edu.cn/archives/261749.

② 北京外国语大学丝绸之路研究院：中央电视台《焦点访谈》《对话》节目深入报道“中国新四大发明”。北外新闻网，https://news.bfsu.edu.cn/archives/263903.

“但是，这些有关当代中国文化和国情的信息，却非常容易被忽略。”[①] 其中很重要的一个原因是，这些当代文化和国情从世界范围来看，没有领先性。由于大国情怀和民族文化自豪心理的影响，汉语国际教育界的同仁们，在传播中华文化时，内心深处其实是想把最好的东西介绍给世界的。中国传统文化灿烂辉煌，长期居于世界领先地位，从向世界展示和分享最好的文化成就的心理出发，可以传播的内容多。而当代文化和国情，在教材和教学中出现，在编写者和教师的意识中，往往更多地是为了解决跨文化障碍，帮助学生更好地学习汉语，并不是当作中国当代的优秀成就去传播，因为我们清楚这些成就还需进一步完善和加强。这种心理，从中国人的文化背景来看是完全可以理解的，从另一个角度来说，也是一种非常负责任的传播态度。而“新四大发明”中的每一项都毫无疑问地领先于世界。高速铁路：到 2018 年末，中国高速铁路营业总里程 3 万公里，超过世界高铁总里程的三分之二。[②] 除西藏外，内地所有省、区、市均已开通高铁。支付宝：世界第一大移动支付品牌，它是使国人实现令全世界艳羡的无现金生活的主力。共享单车：虽不是中国人发明的，但将其做大乃至风靡全国，却只有中国人做到了，目前它已成为中国城市交通中不可或缺的因素，给我们带来了极大的便利。网络购物：中国已毫无疑问地成为世界第一网购大国，网购深入到生活的方方面面，与移动支付一起深刻地改变着中国人的生活方式。“新四大发明”目前也都已经走出了国门，它们是我们可以自豪地向全世界推广的当代文化成

---

① 白宏钟：关于汉语国际教育中的中华文化传播的思考，载于北京师范大学汉语国际推广新师资培养基地、北京师范大学汉语文化学院：汉语国际教育人才培养论丛（第五辑），中国社会科学出版社，2016 年。

② http://www.gov.cn/xinwen/2019-08/13/content_5421005.htm.

就。相信从此之后，我们可以向世界介绍和分享的当代中国成就会越来越多。

三、传播中华文化需要民族文化自信

“新四大发明”不是2017年才出现的，为什么直到2017年才被重视起来？这是值得深思的问题。

“为什么中国的电视剧在海外不能像韩国电视剧那么火？”“为什么中国没有像韩国、日本那样在国际上受欢迎的时尚文化？”“为什么中国没有像好莱坞大片、日本动漫、韩流那样能在国际上流行的大众文化产品？”自从2010年笔者承担南开大学汉语言文化学院汉语国际教育硕士的“中华文化与传播”课程以来，多次听到这样的问题。在问起这类问题时，发问者为什么没有注意到自己的生活中也有同样值得自豪的成就呢？（其实他们都不缺乏传播中华文化的责任感与热情。）“新四大发明”一起构成的是一种新的生活方式，这难道不比任何大众文化产品或时尚文化影响更大吗？笔者认为，这其中的重要原因之一是缺乏民族自信心。近代以来，中国的生产力水平长期落后于世界发达国家，长期落后的现实确实容易造成一些人“俯视自己，仰视他人”的思维习惯，而这样的思维习惯导致其容易看到别人的成就而不易发现本国的成就。

同样是在教学中，还有另一种令笔者印象深刻的现象：在指导本科留学生写作学年论文和毕业论文时，常有学生想选类似“韩流对中国的影响”“泰国零售业对中国同业的启示”这类谈其本国对中国的影响或中国应当如何借鉴其祖国的某些方面的选题。且不论这些选题的价值和可行性，这种对其本国的自信心，正是我们的某些学生应当借鉴的。因为与此形成对照的是，一些做过志愿者教师的中国学生在写文化比较等涉及两国对比话题的毕业论文时，总喜欢谈中国应当怎样借鉴对方，而从不谈中国有什么可以让对方借鉴的。很多国家确实有值得我们借鉴之处，但作为以传播中华文化为己任的汉语国际教育工作者，更应当关注的是怎样向对方传播中华文化的优秀成就。即使从文化的交流永远是双向的这一角度来说，也不应只谈借鉴对方而不思考怎样向对方介绍自己的文化成就。归根结底，缺少对中华文化的自信，就不可能做好中华文化传播工作。

北外丝绸之路研究院的调查，一开始就明确地只问一个问题："你最想把中国的什么带回祖国?"这个问题使得该调查在定位和立场上与我们过去常见的对留学生的"你最喜欢什么中国文化""你想学习和了解哪些中国文化"之类的调查有了本质上的不同，这种区别主要还是由于调查设计者的自信差异造成的。也正是因为北外丝绸之路研究院该次调查的设计者有强大的民族自信，才使得调查收获了前所未有的惊喜。需要指出的是，该调查是基于"一带一路"中的"民心相通"主题发起的，而"一带一路"倡议本身就体现着强烈的民族自信和共同发展理念。我们反对盲目自信，但是当有理由自信却还不能自信的时候，确实是需要改变一下思维习惯了。

四、"新四大发明"带给中华文化传播工作的其他启示

（一）传播中华文化的同时需要总结和反思本国文化

中华文化传播工作需要我们不断地反思和总结本国文化，这样做一方面可以帮我们了解中华文化在全球化时代的独特价值，从中找到可以与世界分享的最优秀的内容，另一方面是为了熟悉我国文化特点，了解其与其他文化的差异，避免和克服中华文化传播工作中的跨文化障碍。

旁观者清，来自外部的观点和看法对于我们反思和总结中华文化有极大的帮助。中国古代四大发明的概念就是由西方学者提出并被中国人接受的。16 世纪意大利数学家杰罗姆·卡丹首先指出中国有指南针、印刷术和火药三大发明，这一观点之后被培根、马克思、恩格斯、英国汉学家麦都思等人反复确认，而英国来华传教士艾约瑟又在三大发明之外加入了造纸术，使其变为四大发明。四大发明的概念后经英国汉学家李约瑟发扬光大后，早已成为中国传统文明成就的象征，为我们阐述中国古代文明成就带来了极大的话语便利。汉语国际教育工作有了解外国人有关中国的观点和看法的便利条件，我们应当利用这一便利，多设计相关的访谈和调查，了解留学生和其他海外汉语学习者乃至任何愿意了解中国的人士对中国的印象、看法。过去我们设计的调查和访谈，往往是有关汉语学习者对于中华文化的兴趣点、刻板印象、跨文化交际障碍等方面的，今后涉及范围可以进一步扩大至中国形象、中国成就、时政热点等方面。由于受访者对中国的了解程度有限，加之不实印象、误解、负面情绪等的存在，这类调查和访谈有时确实会出现一些令人不快的状况，但却不必因此而畏缩，只要设计和安排合理，收获更多的一定还是有益的东西。

（二）应当重视国情教学，加大对国情教材的编写投入

对当代中国成就的介绍和展示，虽然也存在于一般的语言技能教学和文化教学中，但主要还是由国情教学来承担。国情教学在本科留学生培养中主要体现在“中国概况”课程中，在留学生专硕的培养中则主要体现在“当代中国专题”课程中。对于这两门课程，尤其是与课程配套的教材、读本、音像材料，应当得到重点建设。由于中国发展迅速，相关国情内容和数据更新快，因此时效性难以保证一直是国情教材编写所

面临的重大难题，有些内容甚至一出版即已失去时效性。解决这一难题，除了要加大国情教材编写的投入，还应建设稳定的国情教材编写队伍和编写机制，定期修订、更新国情教材，并利用配套电子教材和课程网站，实现时效性要求高的教材内容的活页化。这是一个在资金、人员、协调管理等各方面要求都很高的系统工程，在行业领导部门的主持下进行才能收到良好效果。

（三）传播当代中国文化要重视话语建设

话语体系的力量和价值已无须赘言。近代以来，在西方文化的强势席卷之下，世界各国自觉或不自觉地使用了西方的话语体系。东方国家觉醒之后，逐渐意识到摆脱西方话语体系束缚对于真正实现全方位独立的意义。对于汉语国际教育的中华文化传播工作来说，“讲好中国故事”的重要目的之一就是要建立传播中华文化的话语体系，而另一方面，建设自己的话语体系，同时也是“讲好中国故事”的关键推动因素。只要我们不断总结和反思，一定能够发现越来越多的“新四大发明”这样的成就，同时予以话语总结。积少成多，积累一个一个具体的话语表达，最后必然可以建立起一套相对完整的话语体系。对于汉语国际教育来说，建设中华文化传播的话语体系，不仅是中国人的任务，也要让我们的外国教学对象参与进来，中外一起总结出更多的中国成就，并用恰当的话语表达出来。

（未刊稿）

“四大发明”的话语和符号价值

前段时间，由于某位大学教师被处分事件，“四大发明”一时成了热门话题，其中出现了许多对“四大发明”的质疑，甚至到了否定“四大发明”，为其扣上“谎言”“骗局”帽子的地步，这就未免背离事实、过于偏激了。

“四大发明”提法从出现到确定，经过了数百年的时间①，经历了各方的考证和检验，目前正如江晓原教授所说，“虽然遇到一点点挑战，但基本上还是稳固的”，“仍然可以认为是中国人的骄傲”。

需要注意的是，“四大发明”这一提法本身早已具备重要的话语和符号价值，在中华文化建设和传播中有着重要的地位。颠覆它，哪怕是部分破坏它的信誉度，所造成的损失都会是极为巨大的。

殖民主义时代已经过去，但西方话语体系主导世界话语体系的局面仍在继续，改变这种局面，逐步增加中国话语在其中的比重，需要付出更多的时间和努力。像“四大发明”这样的已经在世界上占有一席之地，为建设和维护中国形象、传播中华文化发挥着重要作用的话语如果被毁，最大的受害者无疑将是我们自己。

中华文化符号价值极高，建设却很不易。要成为文化符号，又往往先要成为文化话语。在介绍中国古代文化时，“四大文明古国之一”“四

---

① http://www.gov.cn/xinwen/2019-08/13/content_5421005.htm.

大发明”是最有吸引力的话语和符号。有人认为“四大发明”最大的争议其实在于这四大发明是否真的是中国古代最有价值的发明。确实，我国古代有价值的发明不计其数，但为何无一能取代造纸术、指南针、火药、印刷术的地位？其主要原因还是这四者有“四大发明”的话语加持，成了无法替代的文化符号。但我们对自己所拥有的这些不多的总结本国文化成就的话语成果，似乎还不懂得很好地珍惜。笔者使用过许多涉外文化、历史、国情教材，其中多有将“四大发明”描述为“指南针、火药、造纸术、活字印刷术”者。须知“四大发明”中的印刷术包括了雕版印刷术和活字印刷术，绝不仅是活字印刷术。如此态度，实在难称严谨。

介绍中国古代成就，尚有“四大文明”这样举世皆知的文化符号，介绍当代中国成就，在笔者所从事的对外文化教学领域则一直是难题。不管是学生还是老师，常会抱怨：我们教的（学的），怎么都是古代的文化和成就，为什么不能多些当代的东西呢？这一方面是因为我们古代在世界上居领先地位的东西多，而当代领先世界的东西少，编教材时，介绍古代成就的就会多一些。另一方面，当代的成就即使介绍了，因为不够领先，或是没有符号效果，也容易被忽略。十多年前，笔者在中东看到日本的同行给当地大学生播放介绍日本的短片，几分钟的视频几乎就是日本文化符号的堆砌，富士山、和服、新干线等纷纷以极富冲击力的形式呈现。我们曾有一些专家将这种方法评价为简单粗暴，但面对初次接触东亚文化的受众，其效果却极好。而韩国人借用中国人发明的“韩流”一词作为涵盖韩国服饰、饮食、娱乐等各方面的文化符号，也形成了很好的传播效果。日韩有这些深入人心的文化话语和符号来辅助其文化传播曾令笔者羡慕不已。

2017年，一位北京外国语大学的罗马尼亚留学生在该校的一项调查中接受采访时将“畅通的4G网络、高速铁路、支付宝和共享单车”称为新世纪中国“新四大发明”，这一提法迅速传遍全国并被广泛使用。“新四大发明”其实都不是中国发明的，所以从字面上说这个提法是有误的。这一点大多数国人应当也知道，但为何还如此热衷于使用它呢？笔者认为，主要还是看重其很好地总结了中国当前在这四个领域的应用领先世界的现状，很好地表达了国人的成就感。在对留学生的中国国情教学中使用这一提法时，介绍同样的内容，效果比没有这一提法时好得多，这就是话语所产生的效果。“新四大发明”已经成为代表中国当代成就的符号，它能使用多久，还需要时间的检验。我们还需要更多的能概括中国当代成就的话语和符号，对于已有的文化话语和符号，则更需要珍惜！

（本文原载于2019年11月15日《天津日报》，收入本书时有删节）

从符号到概念的中国认知

三年前，笔者指导的一位来自刚果共和国（刚果（布））的学生准备在一次活动中做关于刚果（布）人对中国的刻板印象的发言，请笔者给发言稿把关。他发言稿中所提到的刚果（布）人关于中国的刻板印象有正面的，如中国人都很勤劳、很聪明，中国人都会功夫，等等；但更多的是一些负面印象，如中国很穷，“中国的东西都是假的”，“跟刚果女人比起来中国女人没屁股”，“中国有些人一次能生六个小宝贝”，“中国人长得都很像”。他对这些印象的分类当然还值得商榷，但重点并不在于此，而在于有些印象与事实相去太远！在信息传播如此发达的今日，出现这样的印象偏差令人感到意外！

这位同学的毕业论文选题后来也确定为非洲人对中国的刻板印象研究，这给了我们验证他之前所提到的刻板印象的机会。笔者指导他对当时在中国的近150位刚果（布）留学生做了他们来中国之前的中国印象问卷调查和访谈，结果“中国产品的使用时间不长”“中国女人没屁股”“中国人都会功夫”“中国人长得很像”这些选项在问卷调查中被选择的比率都超过了70%，即使是“中国有些人一次能生六个小宝贝”选项被选择的比率也达到了43.3%，说明这些看似天方夜谭的印象确实是具有普遍性的刚果（布）人的中国刻板印象。

在信息传播高度发达的今天，出现这样的情况听起来似乎不可思议，但却恰恰说明，世界上有关中国的刻板印象、不实印象和偏见仍然很多，需要我们自己努力去改变。今日全球传播媒介看似丰富多样，但能帮助各国民众建立客观、准确的中国形象的渠道其实并没有我们想象的那么多。在上述调查和访谈中，我们也统计了这些刚果（布）留学生来中国之前形成中国印象的信息来源，居第一位的竟是电影，其后依次是使用过中国产品、听别人说的、从欧美媒体了解、通过观察在当地的中国工人了解等，而电影作为信息来源的占比相当于居第二、三、四位的其他三个来源的总和。刚果（布）是不发达国家，因此这一调查对于发达国家的同类情况不见得有参考价值。但如果我们挑选一个发达国家做一次中国形象调查，相信结果依然会距我们的期望值有很大差距，只不过问题的表现形式会有所不同。

改进中国的海外形象需要多方面的努力。大众传媒毫无疑问是当今影响力最大的传播途径，但汉语国际教育部门在这一领域同样可以发挥重要作用。汉语国际教育与对外汉语教学相比，最明显的不同是在汉语教学之外，明确地将传播中华文化作为另一个重要目的。同时肩负语言传播和文化交流的双重任务，也使汉语国际教育在改善中国海外形象、提升国家软实力等方面发挥着更大的作用。近年来，以孔子学院为代表的汉语国际教育事业在国内外受到越来越多的关注，主要原因之一也正是因为人们越来越多地认识到其在文化交流和改善中国形象等方面的作用。当然，关注的心态因立场不同而有异。

今天，任何国家和任何人，想要不和中国发生联系已不太可能。虽然全球无人不知中国，但对中国的认识，恐怕大部分人和刚果（布）的民众一样还处于符号的水平。从认知学的角度讲，符号性的认识一般会和事实存在着偏差，并不能反映事物本质。真正能够反映事物的本质的认识，是概念性的认识。汉语国际教育工作者在文化交流方面要做的最重要的工作之一，就是使受众对中国的认知，从符号水平向概念水平进步。在对刚果（布）留学生的调查中，我们也调查了他们来到中国以后的中国印象，居前三位的是“中国很安全”“中国很漂亮”“中国人很好奇”，这三项的被选率都超过了80%。仅凭这些当然还不能说他们对中国的认识已经进步到了概念的水平，但至少是比来中国前有了明显的改善，更接近事实。

近年来，汉语国际教育和其他来华留学生教育的经费在国内一直很受关注。汉语国际教育成本高、回报周期长，这是其自身特点决定的。但笔者也认为其确已到了需要从重视量变向重视质变转变的节点。以孔子学院为例，从2004年在韩国开设第一家孔子学院开始，截至2019年底孔院总部已在162个国家开设了545所孔子学院和1170个孔子课堂①，其发展速度远超其当初的借鉴对象歌德学院、法语联盟等。这种以量的发展为主的模式在布局阶段固然无可厚非，但在布局阶段基本完成之后，控制量的发展、重视质的进步才是更合理的发展模式。

笔者以为，在汉语国际教育的中华文化传播的工作中，以量取胜并非其优势所在（量的优势属于大众传播），精英培养才是其真正的优势。当然谁会成为精英，在培养阶段是难以准确预测的，因此精英培养需要有量的培养做基础，但精英在文化传播中的作用确实是普通人难以比拟的。法国是欧洲最早将汉语纳入国民教育体系的国家之一，在这一过程中，曾于1973至1975年在北京学习汉语的白乐桑先生发挥了至关重要的作用。笔者曾听到一位同行前辈感慨：“培养一个白乐桑，比培养一万个普通留学生都有用。”当然，并不是说普通的培养对象不重要，他们在

---

① 参见国家汉办/孔子学院总部网站公布数据。

中外文化交流中也发挥着不可替代的作用，但中华文化传播工作的特点决定了精英，也就是汉学家、中国通、汉语学者、翻译家等类人会在其中起到一般的汉语学习者难以相比的作用。对中国的认识达到概念水平的人，绝大部分出自他们之中。

笔者的这位刚果（布）学生，在接受笔者指导之前已经在南开大学汉语言文化学院做了一年的汉语进修生，充分意识到了刚果（布）人的中国印象与实际情况不符。在笔者指导他期间，他除了学习学院开设的中国国情课程，还参加过学院组织的在天津、上海、浙江等地参观、体验和实践的活动，自己也多次在中国各地旅行，对中国的认识有了很大的飞跃，并在毕业论文中对刚果（布）人的中国刻板印象进行了认真的思考和分析。如他所认为，中国人勤劳是因为中国人能吃苦，有天生的韧性；而一般刚果（布）人所认为的因为“中国人不会觉得累”是错误的。他认为在工作态度上，刚果（布）人比不上中国人。关于刚果（布）人认为“中国女人没屁股”，他认为是因为两国人的审美标准不同。关于“中国产品的使用时间短”，他认为这种印象的产生是因为刚果（布）市场上的中国产品都是廉价货，“便宜的产品质量肯定会差些”。他曾以自己的手机给笔者举例说，他在中国买这部手机花了2000元人民币，而一般的刚果（布）人是绝不会相信有如此之贵的中国手机的。关于“中国人都会功夫”，他认为是因为刚果（布）人看到的中国电影都是功夫片，所以产生了这样的印象。尽管这些分析还不够完美，但这种客观、求实的态度和方法正是正确认识中国所需要的。这位同学已经毕业，但还想在中国进一步深造。他告诉笔者，刚果（布）的金库和货币发行机构目前都在巴黎，由法国人管理，但他深信刚果（布）更合适的学习对象是中国，所以他博士想改学国际政治。目前，他正在为此而努力。他对中国的认识目前还不能说达到了概念的水平，但笔者相信他一定能达到那一水平。

前面所提到的那些天方夜谭般的刻板印象，可能会令人不快，不过我们没必要因此而愤激，了解到这样的情况就去努力改变才是正道。在笔者指导那位同学做调查和访谈时，刚果（布）留学生们也谈到了许多中国人对非洲的误解，其中一些听起来同样令人啼笑皆非。笔者教过的一个来自喀麦隆的女生曾说，她在中国被问得最多的问题是很让她尴尬的——“你们那有飞机吗？你是怎么来中国的?”后来对于这个问题，她总是以一种幽默的方式回答：“没有，我从大海中游泳来的。”在全球化的时代，学会认识和尊重其他民族的文化和国情，已经是一个不能回避的问题。对其他民族的文化和国情的认识要达到概念性的水平并不容易，但追求这种水平的认识是所有人都应当具备的态度。

（未刊稿）